アン・ウィルソン・シェイフ
宮崎伸治・訳

何かを心配しているときにそっと開く本

MW01361128

何かを心配しているときにそっと開く本・CONTENTS

CHAPTER 1

いまの心配事から解放されるために

CHAPTER 2
ありのままの自分になりたくてもなれない人に

CHAPTER 4 愛することに自信がない人に

CHAPTER 5
なかなかリラックスできない人に

CHAPTER 6 人生をあきらめかけた人に

MEDITATIONS FOR PEOPLE
WHO MAY WORRY TOO MUCH
by Anne Wilson Schaef
Copyright ©1996 by Anne Wilson Schaef
This translation published by arrangement with
The Ballantine Publishing Group,
a division of Random House, Inc.
through The English Agency (Japan) Ltd.

いまの心配事から解放されるために

CHAPTER 1

心配事から逃げてはいけません

いまの社会では、何かを心配するのが当たり前のようになっており、心配することがないのはうまくいっている証拠だ、と思うようになっています。

以前、わたしが精神科医だったころ、患者（たいていは女性でした）が自分の配偶者との関係を、これでもかこれでもかと探っているのをよく聞かされたものです。

何年もこのような話を聞いていると、話のパターンが見えてくるようになります。

「主人は、酒は飲まないし、暴力もふるわない。それに浮気もしない。だからきっとわたしたちの結婚はうまくいっているのよ」

たいていの患者はこのようにいうのです。つまり、心配することがないから、うまくいっていると思う人がどんどん増えているのです。

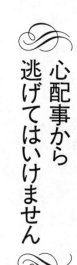

こんなことをいう人たちに、

「あなたはどんなことを望んでいますか？」

とか、

「どんな関係がいい関係だと思いますか？」

と聞いても、びっくりするだけです。というのも、彼（彼女）らにはその意味がわからないのですから。


ひどいことがないのがうまくいっている証拠だと思うなんて、どこかまちがっています。「ひどいことや大変なことがない状態」を「素晴らしいこと」だと定義する必要などまったくありません。

このように、いまの社会では心配事があるのが当たり前、と思う人が多いのですが、こうした性癖は、じつは世代を超えるものです。それは、両親から子供へと引き継がれるプロセスであり、生き方でもあります。それに、これは遺伝子と同じくらい人間に深くくみこまれていることでもあります。

だからといって、どうしようもないということではありません。心配は、遺伝

◇

子とはちがい、そこから学ぶこともできれば、完全に捨て去ることもできるのです。わたしたちは自分の両親から学んだことをすべて、一生涯引きずる必要はありません。不要なものは捨ててしまってもかまわないのです。

そのためにはまず、心配は扱いにくい問題になってしまっているのを知ることです。このステップがどんなに大変か、けっしてあなどってはいけません。

次に、心配が問題であることがわかれば、自分が本当にそれを捨てようと思っているかどうかを確認しなければなりません。もしもその気がないのなら、この先何年もしがみついているままです。

本当に捨てたいのなら、それを追い払うことができます。追い払うというのは、心配が自然となくなるのを望むことではありません。望むだけでは期待できません。それは、あとでもう一度心配しようと思ったときに、できなくてもかまわないと覚悟を決めて手放すことです。

◇◆◇

「心配ばかりしていたくない」と思うのなら、本気でそう思うことです。本人の心がけしだいで、それは可能なのですから。

ひとりで悩めば悩むほど、孤独感が増します

シェークスピアの言葉に「物事によいも悪いもない。考え方によってよくも悪くもなる」というものがあります。

わたしたちは、考えることによってどんなことでも作りだせます。ということは、心は危険な兵器にもなりえるのです——特に、自分自身にとって。

心配性の人たちのほとんどは、多くの時間を自分の心のなかで、たったひとりですごしています。そこには、自分の視野のバランスを修正してくれる人はひとりもいません。つまり、現実をチェックしてくれる人がいないのです。凝り固まった考えから注意をそらしてくれる人がいないのです。

メ・デ・スタール（訳注＝本文中に出てくる人名については事典に掲載されている人のみ説明を入れています）は、心配することをたとえて次のようにいって

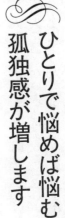

います。

「心配するのは、自分自身をのこぎりで引いて、他人から切り離すようなもの」

心配するというのは、それほど孤独な行為なのです。心配事は、もしかして身近にいる人と分かちあうことができるかもしれません。しかし、心配しているときは、たいていひとりぼっちなのです。

◆

心配は、巨大な反射境のようなものです。心に入ってきたことがほとんどそのままの状態で、何倍にも拡大されて跳ね返ってきます。

心配することが問題なのは、心配すればするほど、ますます孤独を感じるということです。さらに問題なのは、孤独を感じれば感じるほど、いっそう孤独感が増すということです。

心配性の人たちが学んできた心配のしかたのひとつは、自分が心配していることをほかの人に話さないようにすることでしょう。彼らは、いったん話してしまったら、今度はその人が悩みはじめるかもしれないと思っているようです。

心配していることをほかの人に話さなければ、自分が心配していることがばれ

◇

ないと思っているのだとしたら、その人は自分で自分のことを大変な詐欺師だと信じているのと同じです。

悩んでいるのに悩んでいないふりをすれば人をだませると思うのは、傲慢さと自己中心の表れです。「親しい人の気分を害さないように努力している」とか「自分を愛してくれている人に、自分の悩みを見せないようにがんばっている」といっても、本当に相手のことを考えているわけではありません。

心配事は分かちあうことによって、解消されることがよくあります。ただし、本当にその心配事を解消しようとしているのかをよく考える必要があります。もしそうした心の準備ができていなければ、なんにもならないからです。

心からあなたのことを心配してくれる人は、あなたが何を考えているのかを知りたがっている人だということを覚えておいてください。

◇◆◇

自分の悩みを本当に解消したいと思うのなら、思いきってその悩みを打ち明けてみるのもひとつの方法です。たいていは、打ち明けるだけで悩みが解消されます。

心配するのは、自分で自分をいじめること

「心配性の人は、毎日、自分で自分をいじめていることをわかっていない」

と、スー・ウイッティカーは指摘しています。

彼らは、自分で自分を毎日少しずついじめていることに気づいていません。たとえば、トイレに行きたくなっても行くのをがまんしているのは、自分で自分をいじめているのと同じです。

人間の体は理由があって疲れ、理由があって病気になるのです。したがって、体が要求していることを無視するのは、自分をいじめていることになります。

心配するとストレスがたまります。不安を抱くときと同じように、体に影響を与えます。心配したり、不安になったりすると、血圧があがったりします。

何かを心配している人のほとんどは、自分で自分をいじめていることに気づい

◇

ていません。しかし、本当は知らず知らずのうちにそうしているのです。

心配事を人に話さず黙っていれば、逆に孤立していきます。かといって、心配事を一方的に話し続けても、まわりの人は逃げてしまいます。ですから、結局は孤立してしまうことになるのです。たとえ現実がそうだからといって、いつまでも他人の援助を拒み続けるのは、自分で自分をいじめていることになるのです。

◆

自虐にはいろいろな形があります。直面している現実の出来事に関する情報がまったく（またはほとんど）ないとき、起こりうる最悪の事態を考えることがいかに自虐的かということを、わたしたちはほとんどわかっていません。最悪の可能性に焦点を当てることは、最悪の事態に備えているようで、じつは明らかに自分をいじめているケースにほかなりません。

わたしたちは、自虐にとても慣れてしまっているので、自分で自分をいじめていることにさえ気がついていません。それどころか、自虐を、懸念、関心、準備、計画などと思いこんでいるようです。哀れなことに、そうやって自分を虐待しているのです。

残念なことに、自分で自分をいじめるのに慣れてしまうと、いとも簡単にほかの人をいじめるようになり、また、そのことに気づくこともありません。

自虐に関しては、自分で対処できることがあります。しかしそれを実行するには、まず自分で自分をいじめていることに気がつかなければなりません。

◇◆◇

◇ 悪いことばかり予想してしまうのは、自分で自分をいじめているにすぎません。この傾向を断ちたいのなら、まず、「悪いことを予想することは自分で自分をいじめることである」ということを理解することです。

体は怒りや失望ではなく、笑いを求めています

その人が自分の近くにいると、それだけで気分が悪くなるような人がいます。

また、そばに近づくと必ず毒のある言葉を吐くような人もいます。わたしたちは、そのような人が自分にどんな影響を及ぼすか、自分の力でコントロールすることはできません。ただ、どれくらいのあいだ彼らのそばにいるかは、自分で決めることができます。もちろん、なるべくならそうした人たちは避けるように心がけるのが賢明です。

とはいえ、わたしたちの血液のなかに入りこむ毒は、他人と関係があるというよりは、じつは自分自身に関係がある場合が多いようです。

たとえば、怒《いか》りについて考えてみましょう。わたしたちは怒《おこ》ることによって、「ある時間が来たら効き目を発揮する怒りのカプセル」を作りだしているのです。

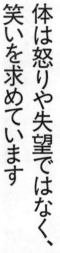

そのカプセルのなかには、自分を長期に渡って不幸にし、混乱させるのに十分な毒が入っています。

あるいは、失望の毒について考えてみましょう。それは、いずれ消えてなくなるようなものではありません。のちのちまで残ってしまいます。へたをすると、気づかないまま何年も残ります。そして、あるときぴったりの触媒が見つかると、その瞬間に毒々しい反応を見せることになるのです。

このような「体のなかの毒」にたいする対策はありません。ただひとつあるとすれば、それは、前向きな気持ちをもつことだけです。

◆

怒りや失望と対極にあるのが笑いです。ある人は笑いについて次のようにいいました。

「笑えば、血が騒ぎ、胸が膨らみ、神経系統に電流が走り、頭のなかのモヤモヤがとれ、体中がスッキリします」

笑いが止まらなくなったことはありませんか？　友だちと一緒にいて、何かおかしいことが起こって、急に笑いだしてしまう。とにかく笑いが止まらず、涙が

◇

出てきて、きっと頭のなかで、「笑いが止まるかしら？」と思ったことでしょう。お腹がヒクヒクして痛くてたまらないのに、友だちと目があったらまた笑いだしてしまうのです。覚えがあるでしょう？

笑うことは、ただ楽しいだけではありません。笑いが止まらなくなるのは、体にもよいことなのです。そして、それを知ることはもっと大事です。

体は涙を必要としているように、笑いも必要としています。涙も笑いも心を洗ってくれるものですから。

◆

あなたは最近、いつ思いっきり笑いましたか？

笑いは魂の「磨き粉」です。こするとちくちく痛くなるタワシではありません。

笑いは「そよ風」です。体の裂け目に入りこんできて、体のなかのシワを伸ばしてくれます。ちょうど風が吹けば物干し竿《さお》にかかった服が伸びるように。

笑いは「加湿器」です。世間との軋轢《あつれき》によって、硬くなってしまった心の肌を内側から柔らかくしてくれます。

笑いは「感染病」です。絶望だけを壊滅させながら、素早く広がります。

笑いは「人間としての恩恵のひとつ」です。愛している人とも憎んでいる人とも、共有することができます。

◇◆◇

笑いは体にとって必要なものです。反対に、怒りや失望は体にとって毒になります。ですから怒りたくなったときや失望したときは、とにかく前向きな姿勢を忘れないことです。

わざわざ自分の人生を暗くする必要などありません

「心配すると性格が変わってしまいます」

といった人がいますが、心配すると本当に性格が変わってしまうのでしょうか？

わたしの娘が一歳半のときのことです。健康診断を終えたわたしは、主治医から「疑わしいどろどろしたシミ」があるから、今後は婦人科医に診てもらうようにと指示されました。それで家に戻るやいなや婦人科医に電話をし、翌朝いちばんで診てもらうことにしたのです。

わたしがまだ二十七か二十八歳のときのことで、その日は心配で震えあがってしまいました。というのも、主治医が何かを心配しているということ以外、ほとんど何もわからなかったからです。家に着いたときには、主治医の心配がわたしにのり移っていました。

◇

玄関を入るとき、ひとりっきりになって、きちんと心配したいと思いました。娘はそんなわたしを見て、何か変だと感じたようです。いつもの娘なら、わたしに挨拶をして、ちょっと一緒に遊ぼうというのですが、その日はわたしの部屋の壁をこづき続けて、なんとかわたしと話をしようと無言の意思表示をしていました。娘は、わたしが変だということに気づいていたのです。確かにわたしは変でした。彼女が知っている「いつものお母さん」ではなかったのですから。

どうしてこんなふうに、わたしたちは悪いことばかり想像してしまうのでしょうか？　いつも最悪のことばかり想像していて、たまたまよいことが起きればラッキーだと思っている人がいます。よいことが起こるのを心配する人などまずいないでしょう。最悪のことを想像するから、心配してしまうのです。

もしも最善のことを想像したら、どうなるでしょうか？　それが起こらなかったら失望してしまうのでしょうか？　たとえ失望したとしても、それによって死ぬ人は、ほんのわずかでしょう。確かに、誰にとっても失望するのはおもしろいことではありません。しかし、失望が致命的であることは滅多にないのです。

◆

◆

「まだ来てもいない日のことを心配して、一日をつぶしてしまうのはもったいない」

と、作家のサラ・オーネ・ジェウェットはいいました。

まだ来ていない日は、来ていないのです。単純なことです。やって来てもいない日を経験することなんて、できるわけはありません。心配性の人はただ悪いことばかりを想像して、自分自身をすり減らし、その日をつぶしてしまうのです。

そんなことはせずに、楽しいことを想像することもできるはずです。たとえば、長期休暇ほど期待で胸が膨らむときはありません。友だちとプレゼントを交換することを想像して、興奮することもあります。こうして、ちょっとした魔法を使えば、新しい日がやってくる素晴らしさを素直に喜ぶことができるのです。

◇◆◇

悪いことばかり想像して、自分をすり減らすことはやめて、楽しいことを想像しましょう。たとえそれが実現しなかったとしても、少なくとも夢を見る楽しみがもてます。

いいことが起きたときのために、心の準備をしておきましょう

心配することは、準備することとはまったくちがいます。

準備することは大切です。ボーイスカウトやガールスカウトを思いだしてみてください。彼らのモットーは「準備をしておくこと」です。

わたしたちは、準備さえしておけば、どんなに切迫した事態でも未然に防げると自分に何度もいいきかせてきました。確かに、きちんと準備しておくことは、そうした事態に対して効果的な方法になりえます。あるいは、どうしても未然に防ぐ必要があったにもかかわらず、それができなかったとしても、少なくとも心の準備だけはできるわけです。

わたしたちはそうやって、準備するのに莫大なエネルギーを使います。「もし、これが起きたらどうしよう」と心のなかで思っているときは、特にそうです。そ

ういうときに計画も準備もしていないのは、恐ろしい状態にほかなりません。

そんなことはもうやめて、いま起きていることだけにとりくめば、時間がずいぶん節約できるはずです。自分の思いどおりになるかどうかということは、ここでは関係ありません。

「起こるかもしれないこと」に対して準備をしていると、「いま起きていること」がわからなくなってしまうからです。

◆

わたしたちはいったい、なんのために準備をするのでしょうか？　心配することを準備としてとらえるとき、じつは最悪のことに対して準備をしているのかもしれません。もしくは十分に心配さえしたら、悪いことが起きるのを防ぐことができると信じているのかもしれません。たとえ悪いことが起きるのを防げなくても、それに対する心の準備はできるわけなのですから。

しかし、準備というものをちがった観点からみることもできます。もしもよいことが起きることに対して準備をしていたらどうなるでしょうか？　たとえば、長いあいだ会っていなかった好きな人に突然会うことを期待するとか……。そうすれば、実際にそうなるかもしれません。

あるいは、まったく予期していなかった素晴らしいことが起きることに対して心の準備をしておくこともできます。そして、それが本当に起きると信じることもできるのです。

◇◆◇

悪いことではなく、いいことが起こったときのために心の準備をしておきましょう。思いもかけず、いいことが起きるかもしれませんから。

心配しなくてもいい計画の立て方

「心配することは、新しい計画を立てるのと同じようなものだと思っています」と、ベブはいいました。

なるほど、そうかもしれません。ただ、ひとつだけ問題があります。それは、その計画にしがみつかないようにしなければならないということです。

わたしは新しい計画を立てることについて、大勢の人々や企業から相談を受けていますが、効果的なものを立てるために重要なポイントがふたつあります。

ひとつは、計画が実現しないかもしれないことを十分に承知したうえで、自分の創造的な考えを実行に移すこと。もうひとつは、結果が自分の思うとおりにはならないということを十分に理解したうえで、結果にはこだわらないということです。

覚えておいてください。何かを計画することがなぜ価値があるのかというと、計画を遂行しているときは、人々や組織にとって、次々と新しい方向性が見えてくるからなのです。

心配することと何かを計画することの明らかなちがいは、それをあるがままにしておくことができるかどうかにあります。

結果にしがみついているのは、結果をコントロールしようと思っているのであって、創造性を活かそうとしていることではありません。

◆

わたしたちは、いつも計画を立てなければならないといわれています。つまり、先のことを考えて、自分たちがどのように進んでいくか、または進んでいきたいかを常に知っておかなければならないというわけです。

実際、正確に予測ができ、結果をうまくコントロールできることが、計画の立て方のもっともうまい方法だと思われています。

コンサルタントは、起こりうるすべての不測の事態を探りだし、その対策を講じるだけで高い代金を得ています。そうした不測の事態をプラスに変えるチャンスさえも残しません。もしもみながこのようなやり方で生きるのであれば、心配だらけの社会になるのも不思議ではありません。

実際、計画を立てること自体は何も悪いことではありません。何よりも、頭のなかでいろいろな可能性を試行錯誤したりして楽しめるからです。トラブルというのは、実際にその計画をどうするかによって生じてくるものです。

昨年の夏、わたしは、この夏は散歩をしたり、乗馬をしたり、スケートをしようと計画していました。そう思っていると、とても楽しい気分になれ、夏が来るのが待ち遠しくてしかたありませんでした。

そんなある日、不注意にも斧《おの》で足首を切ってしまったのです。そのため、その夏はギプスをはめて歩く訓練をしました。それでもわたしはいい夏をすごしたつもりです。

計画を立てることはいいことです。しかし、それを必ず実行しようと思ったり、ほかのことをしない理由にしたり、計画したことをあきらめなかったりしたときにトラブルが生じるのです。

◇◆◇

計画を立てることは必要です。どんどん計画を立てるべきです。ただ、気をつけなければならないのは、その計画にしがみつかないようにしなければならないということです。

誰もあなたを心配させることはできません

子供のことを相当心配していたのでしょう。リンダは次のようにいいました。

「あれほどわたしを心配させながら、よく生きていられるものだわ」

このように、愛しているから心配しているというのに、子供にはそれがわからないことがよくあります。

たとえば、子供のことですっかり心を悩ましているときには、子供が帰ってきたら大喜びで飛びつくことがあります。しかし子供とはおかしなもので、親に愛情があるから自分に飛びつくのだとは思いません。

そこで、人は誰かほかの人を心配させることなどできない、ということを覚えておく必要があります。心配は、精神的に参ってしまう出来事に対する反応のひとつにしかすぎません。心配は、自分がしようと思ってするものだからです。

たとえば自分の子供のことで、精神的に参ってしまった場合（もちろん子供のことにかぎらず）、わたしたちには次の選択肢があります。

①心配する。これはまず最初の選択肢であることが多い。
②祈る。
③祈って、あれこれ考える。
④友だちに助けを求める。
⑤自分の力で状況をコントロールすることはできないことを知り、また自分がすべての情報をもっているのではないことを認める。
⑥そのままにしておき、何か起きたら起きたときに対処する。
⑦危機や大惨事に屈しない。
⑧自分がやらなければならないことに集中する。
⑨自分のやるべきことをやり、さらに情報が得られるのを待つ。
⑩床に就き、頭からふとんをかぶる。
⑪好きなオペラの独唱曲《アリア》を一曲歌う。

このように、選択肢は無限にあるものです。

◇

子供はいろんなことをするので、恐ろしくなることがあります。その恐れをどうするかは、わたしたち自身にかかっているといえるでしょう。

◇◆◇

心配は、自分以外の誰かが原因で、「させられるもの」ではありません。自分でみずから「する」ものなのです。たとえどんなことが起きても、自分が心配しようと思わなければ、心配しなくてもすむのです。

ありのままの自分に
なりたくてもなれない人に

CHAPTER 2

もう、自分に ウソをつくのはやめましょう

「ウソをついたら神様は喜ばれません」

と、昔、ある哲学者はいいました。

ウソをついたら、自分だっておもしろくはないでしょう？　にもかかわらず、ウソをつくことは現代社会に深く染みこんでいるため、わたしたちは、ウソをついているときでさえ、ウソをついている自分に気づかないくらいです。

セックスしているときに感じているふりをしますか？　誰かと親しくなるチャンスがあっても、たいしてひどくもないくせに、頭が痛いだとか疲れているからといって、そのチャンスを避けますか？　ある人を殺したいくらい憎んでいるとき（または少なくともその人に激怒しているとき）、その人に親切にしますか？　あるいは、流行《はや》っているからといって、着心地のよくない服を着ますか？

◇

ほかにも、次のようなことについてはどうでしょうか。

他人が自分のことを誤解していても、そのままにしておいたほうが楽だからといって、そのままにしておきますか？　誰かを誤解させておいて、その誤解に対する責任をその人にとらせますか？　レストランで出された料理がまずかったとき、ウエイターに「味はいかがでしたか？」と聞かれて、「おいしかったです」と答えますか？

◆

心配性の人たちは、よく自分にウソをつきます。たとえば、自分が何かよいことをしたとき、それを知ろうとさえしません。

というのも、自分がよい仕事をしたということを謙遜《けんそん》し、控えめにすると、とても受けがいいからです。そのため、

「まあ、別にたいしたことではありませんよ」

「こんなこと誰にでもできますよ」

「もっと時間をかけるべきだったのですけど……」

などというのです。

相手と向きあい、その人の目をしっかりと見て、

「ええ、一生懸命がんばりました」

ということなどありません。

わたしたちは自分のことを正直者でありたいと願っていますが、自分がうまくやったことや正しく行ったことに対して、本当に正直になることはどれくらいあるでしょうか。

わたしたちは、「真実を語ること」と「自慢すること」をよく混同しがちです。でも、自分がうまくやったことを自分で認めることは、真実を語ることなのです。逆に、自分がうまくやったことを自分で認めないのは、ウソをついていることになります。

◆

「弱い人だけ助ければいいと思うのは、自分にウソをついていることになります。強い人はもっと助けが必要なのです」

と、アニー・ソフィー・スエットチネは指摘しています。

わたしたちは、友人や知人が助けを必要としていても、わざと助けないことが

あります。というのも、彼らはしっかりしているから、自分のことぐらい自分でやれるだろうと思いこんでいるからです。

確かに、強い人を見ると、「彼らは、うまくやるだろう」とか、あるいは「自分が尊敬している人が、『自分のような者』の助けなど必要とするはずがない」と思えてきます。

なんとまちがった考え方をしているのでしょう。強くて有能な人がこなごなになってしまうこともあるのです。

◇◆◇

小さなウソでも、ウソをつき続けていると、精神がむしばまれてしまいます。たとえ、そのウソが他人にばれなかったとしても。

もっと、いいたいことをいいなさい

「自分が必要としていることでも、ほかの人は必要としていないのかもしれないと思うと、なかなか口に出しづらい」

と、友人に打ち明けられたことがあります。

自分が必要としていることをそのまま口に出すのは、多くの人にとってそれほど簡単なことではありません。自分が必要としていることが、ほかの人は必要としていないのかもしれないと思うときは、なおさら口にするのが難しくなります。

また、自分が必要としていることが、ほかの人が必要としていることとぶつかってしまうような場合は、さらに難しくなります。けれども、自分が必要としていることを口に出すことは、自分も相手も大切にする方法のひとつなのです。

自分には自分の要求があり、また要求する権利があるということを認識するここ

◇

とは、自分を大切にすることです。もちろん、いつも自分の要求が通るとはかぎりません。それはそれでいいのです。ただ、自分には自分の要求があるということを認めて、それを口に出すことがなければ、自分の要求が通ることはありません。

自分の要求を口にすることは、自分だけでなく相手も大切にしていることになります。というのも、そうすることによって、自分がどんな人間なのかを相手に知ってもらうことができるし、また、より親しくなれるチャンスを相手に与えることになるのですから。

逆に、そのようなチャンスを相手に与えないのは、非常に失礼なことになります。特に、その人が自分にとって大切な人の場合はなおさらです。

自分が何を必要としているかを相手に伝えることは、お互いがお互いを大切にしている行為なのです。

◆

アフリカには次のようなことわざがあります。

「子供ひとりを育てようと思えば、村全体でとりかからなければならない」

先進国では、子育てという何人もの人手が必要な作業が、たったひとりかふたりで行われるケースが非常に多いのが現状です。

ある年老いたオーストラリア原住民がこのことに関して、哀しみをこめて次のように語ったことがあります。

「子供がふたりしか親をもてないということは、とても原始的なことだと思う」

どうりで、母親は心配がつきないはずです。なぜなら彼女たちは、子供をひとりで育てるという不可能なことをしているのですから（運がよくても、せいぜいひとりかふたりに手伝ってもらえるだけです）。

困ったり、苦しかったりしたら、助けを求めてもいいのです。わたしたちは、助けを必要としたり、助けを求めたりすることは落伍者である証拠と教えられてきましたが、つもりつもって大きな失敗を招くよりも、未然に防いだほうがまだましです。

現在のような社会では、「助けを求めるサイン」を出したとしても、それに気づいてくれる人がいるとはかぎりません。ですから、いまこそ、もっと自分のいいたいことをはっきりというようにしなければならないのです。

◇◆◇

自分には自分の要求があることをしっかりと認識し、それを口にすることです。
それはけっして自分勝手なことではなく、自分も他人も大切にする行為なのです。

正直であるために、心にとめておかなければならないこと

本当のところ、わたしたちは正直さについてあまり知らないのが現実です。確かに正直であることは、いまの社会ではあまり報われないことかもしれません。

何年か前、わたしは、翻訳されたあるロシアの詩を、ある人から渡されました。その詩のテーマは「真実をいう人が勇気ある人だとされる社会は、どんな社会だろうか?」というものでした。わたしはその詩にとても感動し、ますます正直であることがいまの日常生活では普通ではないことに気づかされました。

正直であることが非常にまれなので、わたしたちはどうしたら本当に正直になれるのかわからないようです。一九六〇年代に、自己啓発のノウハウが導入されたとき、多くの人々が「正直であることは、ほかの人にその人の欠点をはっきり教えてあげることだ」と思いました。しかし、それはまちがっていたのです。

正直さが役に立つためには、いくつか覚えておかなければならないことがあります。

①正直さがもっとも役に立つのは、自分のことを正直にいうときです。たとえば、「それはわたしには合わない」とか、「わたしはそれが好きではない」とか、「それはわたしには受け入れられない」などです。

②正直さは、ほかの人と「正直さに関するとり決め」をしているときに役立ちます。わたしは、人と親しくなるには、このとり決めが必要だと思います。

③正直さは、(相手の評価を下すのではなく)教えてあげることで役に立ちます。たとえば、「あなたがそれをいっているとき顔が赤くなっていましたよ」といって、それ以上は何もいわないことです。

④正直さには、同情心といたわりの心が必要です。たとえ正直なことでも批判的なことはいわないこと。批判的なことをいうくらいなら、その前に自分自身をふり返ってみるべきでしょう。

◇◆◇

わたしたちは、正直になることに関して、その技術を学ぶ必要があります。

体の不思議なメカニズムを感じてください

父は、わたしの体のことを、「砂が全部底に沈んでしまった砂時計のようだ」とよくいったものです。そして自分の体については、「太鼓腹がいつもシャツからはみだしているのは、いつでも医者に腹を診せられるようにしているからだ」といっていました。

ほとんどの人は、太りすぎているか、やせすぎているか、胸が平らすぎるか、年をとりすぎています。ちょうどいいということはけっしてありません。だから、いつも自分の体について考えこまなければならなくなります。そうやって考えこんでしまうと、それが心配に変わってしまうのです。

体のことばかり考えるのは、国民共通の気晴らしとなっているようです。そして国中の健康産業がそれを奨励し、支えているのが現状です。

◆

だからこそ、見た感じはどうであれ、自分の体が素晴らしいということを冷静になって考えるべきなのです。

体があるからこそ、移動することができるのです。

体があるからこそ、感情がもてるのです。そして、その感情によって、いろいろなことを学びながら、生きていくことができます。

体があるからこそ、記憶を蓄えることができます。そしてその記憶は、わたしたちが心の準備ができたときに利用できることになります。

体があるからこそ、生理的・官能的な快楽が得られるのです。そのひとつが食べる楽しみです。

自分の体に耳を傾けると、自分にとって何が必要なのかがわかります。しかし、そのためには「心の補聴器」が必要かもしれません。

◆

毎日、自分がいかに自分の体をいたわっていないかを冷静になって考えてみたら、五体満足でいられるのが不思議なくらいです。

わたしたちは、自分の体にいいか悪いかを考えることなく、いつも心配したり

◇

して、ストレスをためこんでいます（もちろん、体そのものについても心配することが多いようです）。

さらに、わたしたちは環境汚染や発ガン物質に囲まれて生活しています。おまけに、体によいか悪いか考えることもなく、いろいろな食べ物、薬、たばこの煙、アルコールを体内に吸収しています。それをずっと続けているのです。

自分の体が本当に必要としているものは何かを考えたときから、いったいどれくらいたつのでしょうか？　自分の体がもっとも不思議なメカニズムで動いていることに、どれだけ気づいているでしょうか？　自分の体をいじめるのをほんのひとときでもやめて、体に向かって「ありがとう」といったことがありますか？

自分の体に対して、自分で何ができるでしょうか？

◆

「わたしの体は二十年前の体とまったく同じです。ただ、どこもかしこも少し弱くなってはいますが」

ジプシー・ローズ・リーは、こういって自分の体について明るく笑いとばしました。

わたしたちは、彼女のように自分の体を笑いとばすことができます。あるいは、自分には自分の体に対して責任があり、何を食べるか、どう体を動かすかによって体が変わるということを認識することができます。たとえ愚かなことをしても、なんとかもちこたえてくれている体に感謝することもできます。体の治癒力や回復力に驚くこともできるでしょう。体を受け入れることも、大切にすることもできるでしょう。

体の素晴らしさは一生涯続くものです。自分の体の素晴らしさに気づきはじめると、自分自身の素晴らしさがわかりはじめるかもしれません。

◇◆◇

今日、自分の体に向かってひとこと「ありがとう」といってみましょう。わたしたちの体は想像も及ばないくらい複雑なメカニズムで二十四時間働いてくれているのですから。

◇

「恐れること」を恐れるのは、時間の無駄です

わたしたちは、日々生活していくうえで、ときどき何かを恐れます。それは、たとえば新しいことをはじめようとするときに、うまくいくかどうかを恐れるなど、具体的なことである場合も多いでしょう。あるいは、理由もなくただ漠然と恐れを感じることもあります。

また、一生懸命に努力したことが報われなかったときは無力感を覚えるし、突然、理不尽とも思える災難がふりかかったときなどは、打ちのめされてしまいます。そんなとき、ほとんどの人は、自分の恐れや無力感をなんとかとりはらおうとします。

そんなことをするかわりに、いっそそのままにしておいたらどうでしょうか。恐れは生活の一部です。誰でもときどき何かを恐れるのです。恐れること自体

は何も悪いことではありません。たいていは、「恐れること」を恐れるのが問題なのであって、恐れること自体が問題ではありません。

同じように、無力であるがゆえに無力感を感じることがよくあります。実際、人生のほとんどのことに対してわたしたちは無力なのです。この無力感を認識するのが早ければ早いほど順調な人生が歩めます。そのとき、初めて人生を悟ることができるでしょう。

◇◆◇

恐れも無力感もそのままにしておくことです。どうすれば消えるのだろうかと、じたばたしてもなんにもならないのですから。

「心の声」に耳を傾けてごらんなさい

「自分の心が自分をどこに導こうとしているかを慎重に見極めよ。そして、それから全力でぶつかっていくのだ」というハシディック（訳注＝ユダヤ民族のなかでも厳格な宗教生活を送る人たち）のことわざがあります。

自分の心が自分をどこに導こうとしているかを見極めるためには、いろいろなことに耳を傾けなければなりません。普通、わたしたちは家庭や学校で、この種の技術について訓練を受けることはありません。

事実、わたしたちは「自分の心が自分をどのように導いているか」よりも、「自分は何をすべきか」とか「他人が自分に何を期待しているか」のほうがよくわかっているようです。

◇

自分の心が自分をどこに導いているかがわからないのなら、自分の心がどんな人生を作りだそうとしているかを考える前に、「初期の段階」からはじめなければならないのかもしれません。

ちょっとした質問からでもいいのです。たとえば、どんな色の服を着たら気持ちがいいか？　すごく好きな食べ物は何か？　本当に読みたい本は何か？　どんな音楽が聴きたいか？

体の筋肉を少し動かしてから、落ち着いて考えてみましょう。誰と一緒に時間をすごしたいか？　自分の魂を鍛えてくれる人は誰か？　それがわかって初めて、より大きく、素晴らしいことを行うための準備ができるのです。

◆

「自分自身を楽しませることが人間のいちばんの義務です」

と、S・J・パールマンはいいました。

わたしたちは「ああ、幸せ」といったいどれくらい頻繁《ひんぱん》にいうでしょうか？　本気でそういっているのでしょうか？　また、自分は何をするのが本当に楽しいと感じるのか、わかっているのでしょうか？

わたしは数年前、自分と一緒にいることを喜んでくれる人とだけつきあうことに決めました。そう決心したからといって、ほかの人たちと交わらないということではありません。また、ほかの人たちに、不誠実ということでもありません。

その決心が意味するのは、自分の時間はわたしにとって非常に貴重なものであるということです。そして、ほかのなんでもない人と一緒にすごす時間があれば、わたしと一緒にいることを喜んでくれ、わたし自身もその人といることが楽しいと思う人とすごすということです。

これは反面では、それ以外の人とすごす時間をもたないようにするということにもなりますが、たとえそのようにしても、わたしにはつきあう人が十分すぎるほどいるのです。

自分が何をやったら楽しいと感じるか、また、誰と一緒にいたら楽しいと感じるかがわからない人がいます。そういった人たちは、スリルを感じることや快楽を求めすぎて、心から楽しむことを忘れているのが実態です。

楽しむということは、そういうものよりも、もっと落ち着いたものです。もっと積極的なものです。

わたしたちは、ただ座ってぼんやりしているだけでは、本当に楽しむことなどできません。楽しむためには、もっと積極的に自分の人生を生きなければならないのです。

◇◆◇

ありのままの自分の姿を知るには、「やるべきこと」や「やったほうがよいこと」ではなく、「やりたいこと」を自分に聞くことです。

孤独がつらいと思っている あなたへ

わたしたちは、孤立と孤独のちがいを学ぶ必要があります。

孤独とは、みずからひとりでいることを選ぶ時間のこと。自分を見つめる時間、本来の自分を引きだす時間、自分の心のなかで何が起こっているのかを知る時間、自分のなかの霊的な声を聞く時間なのです。

孤独になる時間をもたなければ、自分のなかの神と連絡をとることはできません。自分が壊れてしまいそうなほど苦しい問題に直面しているときでさえ、孤独な時間は平和で静かです。

一方、孤立はまったくちがいます。孤立してしまったときは、自分が自分でなくなります。自分から抜けだしてしまうのです。そして、活き活きとした人生が歩めなくなってしまいます。

◇

孤立感は、たいていの場合、ある日ふと忍びこんでくるもので、ひとたび感じてしまうと、漠然とした不安におそわれ、自分を見失ってしまいます。いったんそうなってしまうと、他人が近づけないだけでなく、自分も自分自身に近づけないことになります。自分がわからなくなるのです。ですから、そういうときは誰かの助けが必要です。しかし、孤独でいるときはその必要はありません。

◆

わたしたちが、まわりに誰かがいないとひとりぼっちだと感じるようになったのは、非常に残念なことです。本当は、ひとりでいるとき、人生でもっとも大切な人と一緒にいるはずなのですから。

もし、「ひとりでいる時間」を心配することに費やしたら、「ひとりでいる時間」は「孤立した時間」になってしまいます。そうして孤立してしまうと、人は破滅に向かいます。もがき苦しみ、見捨てられる不安や、恐れや救いのなさを感じたりするでしょう。

「ひとりでいる時間」には、何かを創造したり、心を落ち着けたり、霊的なものを感じたり、休んだり、リラックスすることができます。

さらに、ひとりでいるときをどうすごすかは、自分で決めることができるのです。もしひとりでいるときに自滅的・破壊的になってしまったら、祈ったり、誰かに電話したり、何かほかのことをすることもできるはずです。いつも選択権は自分にあるのですから。もしもそんな選択権はないと思うのなら、自分をだましていることにほかなりません。

◇◆◇

人は、自分の孤独に正面から向きあうことで、「幸せになるための切符」を手にすることができるのです。

結婚できるかどうか不安になったら

「オールドミスであることは、溺れて死ぬようなもの。もがくのをあきらめて沈んでいくような喜びに似た感情です」と、エドナ・ファーバー（訳注＝アメリカの女流小説家・劇作家）はいいました。

年老いて「ひとりっきり」になることを考えると、怖くなって不安になります。だからこそ、その状態から逃れるために、大勢の人が相性の合わない人と結婚するのです。

わたしは最近、人間関係について、新しい見方をするようになりました。初めから、配偶者《パートナー》を見つけなければならないなどと思わずに生きるようにすることです。

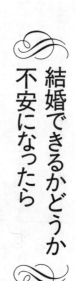

◆

あなたも自分の子供に、人生の目的は自分自身の人生を歩むことであり、配偶者と一緒に生きる人もいれば、一生独身を通す人もいるということを、しっかり教えたらどうでしょうか。

そして、一人ひとりが自分に与えられた人生の義務を受け入れ、それに十分に注意を払うようにしたらどうでしょうか。と同時に、もしも神様が配偶者と一緒になったほうがいいとお考えになれば、その配偶者を見つけて与えてくださり、有無をいわさず、その配偶者と一緒に暮らさざるをえなくなると信じたらどうでしょう。

そうなれば、配偶者を探すために、わざわざ「ハント」する必要などありません。ということは、まちがった出会いもないはずです。また、人間関係を無理して続ける必要もありません。この世に「オールドミス」も「結婚したくてもできない男性」も、いなくなることでしょう。人生は、ただ生きるためのものになるはずです。

こうして、わたしたちが人生に対してもがくのをやめれば、人生は好転するにちがいありません。

◇◆◇

「〇才になったら結婚をしなければならない」というばかげた法律などないのです。心配しなくても、神様が「そろそろ結婚させたほうがよいだろう」とお考えになれば、そのときにぴったりの相手が現れます。

自分のペースを守りましょう

「他人の言動に気をとられなければ、ずいぶんと心が落ち着くはずです」と、トーマス・ア・ケンピスはいいました。

もしも、ずっとひとりっきりで世捨て人か修道士のような生活を送るのであれば、心の平安は簡単に得られるでしょう。しかしながら、普通の生活をしていると、心の平安が得られないことがよくあります。

日常生活を送るうえで、自分がどんなふうにしてみずから心の平安を乱しているかということを、冷静になって考えてみるといいでしょう。

自分ができること以上のものをやろうとしていませんか？　そして、それができない自分を責めていませんか？

他人の役に立とうとしてではなく、他人の言動を気にするがゆえに、自分自身以外の人のことばかり考えていませんか？

自分には休む権利などないと思いこんでいるがゆえに、休む必要があるときに休むことができないということはありませんか？

無理して他人のペースに合わせようとすると、不安や心配が生じるということを考えたことがありますか？　そうすると、自分自身のペースがまったくわからなくなってしまうのにも気づかずに。

そんなことはないと思いますか？　自分自身のペースを貫くのは自分勝手な人だと思いますか？　もしもみんながそんなことをしたら、どうなってしまうのかと心配しますか？　何も機能しなくなって完全に混乱してしまうとでも思っていませんか？

でも、本当にそうなるのでしょうか？　自分のペースを大切にしなければ、自分のペースがわからなくなり、その結果、とらえようのない漠然とした不安と心配にかられてしまうはずです。自分のペースを大切にしなければ、他人に対して怒りさえ感じはじめるはずです。特に、その人が自分のペースを大切にしている場合は――。

自分のペースを大切にすることは、自分だけでなく、家族や友だちなどほかの人も大切にしていることにつながるのです。

◇◆◇

無理して他人のペースに合わせる必要などありません。自分のペースを大切にしましょう。ただし、ほかの人のペースも尊重するように。

かけがえのない あなたの個性を大切に

「ひとりでいるということは、人とちがうということで、人とちがうということは、ひとりでいるということです」

と、スザンヌ・ゴードンはいいました。彼女は、人間の最大の恐怖のひとつである「孤独」をうまく表現しています。

現代社会では、ひとりでいることに対する恐怖が存在します。ひとりであるということは落伍者と見なされます。いいかえれば、ひとりでいることは、他人から受け入れられていないという確かな証拠とされてしまいます。ですから、ひとりでいることは、自分にとって納得できないことであり、嘆かわしいことでもあり、そして、なんとしてでも避けなければならないことなのです。

もしもわたしたち一人ひとりがちがっていて、独特な性格をしており（実際、そうなのですが）、そのうえで、人とちがうということが孤独であり、孤独が死よりも怖い運命であるならば、ありのままの自分でいられる人など存在するはずがありません。

もしも宇宙が巨大なパズルであり、一人ひとりがそのパズルのひとかけらであるならば、ありのままの自分であることを拒絶して誰かのまねごとをしようとすれば、宇宙に穴が開いてしまうことになります。しかし、どうやらすでに宇宙にはたくさんの穴が開いてしまっているようです。

もしも、あなたがありのままの自分であることを拒絶すれば、あなたは宇宙に穴を開けてしまっていることになるのです。

◇◆◇

人間は一人ひとりちがうものです。長所も短所も、好き嫌いもちがいます。人と自分をくらべて、自分のほうが劣っているなんて思う必要などまったくありません。あなたはあなたでいいのです。

誰もが、その人だけの得意なものをもっています

「わたしは夜、眠れません。なぜなら、夜になってもいろいろなことを計画したりしているからです。それがマナなのです。いったんマナを得れば、けっしてひとりぼっちになることはありません。マナを得た人は、いつも人のことを考え、人のために働くことを考えていなければならないのです」

と、デーム・ウイナ・クーパーはいいました。

彼女は最近、九十七才で亡くなりました。ニュージーランドの国民を愛し、国民に尽くした人でした。彼女は、マオリ族（訳注＝ニュージーランドのポリネシア系原住民）のひとりとして、同族の要求と権利に対して高い意識をもち、一生涯にわたり自分のすべてを同族のために捧げたのです。

彼女がこの世の中で確信していたことがひとつあるとすれば、それは自分の個

人的なマナ（力）でした。彼女は自分にマナがあることを知っており、いつそれを使うべきかも知っていました。

人間は、一人ひとりマナをもっています。本人が気づいていようといまいと、個人的な力が備わっているのです。そして、人生における義務のひとつは、自分のマナに気づき、それを自分自身と他人のために役立てる方法を知ることです。

自分のマナを無視したり、否認することは神様を侮辱することにほかなりません。わたしたちは、自分自身にどんないいわけでもすることができます。たとえば、

「わたしのような人はどこにでもいるわ」

「わたしはだまされたくないの」

「わたしはそんなに立派ではないわ」

などなど。

しかし、真実はどうかといえば、人間はみな独特なのです。つまり、本来の自分になることができれば、マナが現れて、成長することも可能なのです。

◆

人生において、もっとも重要な発見とは、自分の得意なものを見つけることで

◇

す。

ほとんどの人にとって、平凡なことはやりがいのあるものではありません。それはぬるま湯につかっているようなものです。たとえ、しなければならない日々の務めを果たしたとしても、本当に自分が得意なものを知ることがいちばん大切なのです。

人はみな得意なものをもっているはずです。人から見れば、それは「得意なもの」とは思えないかもしれません。しかし、それはそれでいいのです。たとえ、それで経済的に支えることができなくとも、それがなんなのかを知る必要があるのです。

そして、それを「得意なこと」と見なし、練習できるときに練習することです。本当にそれが得意であれば、いずれは自分自身にも社会にも役に立つものになるでしょう。

◇◆◇

「わたしのような人はどこにでもいるわ」などというのはやめることです。あなたにはあなたにしかない得意なものがあります。それを見つけることが大切です。

自分の感情を無視してはいけません

わたしたちはこれまで、役に立たない無駄な情報を学ぶことに膨大な時間を割いてきました。ですから、

「どのように生きたらよいか」

「どのように自分を愛したらいいか」

「どのように他人とつきあうか」

「どのように自分の感情に触れ、自分が望み、必要としているものを認識するか」

といったことを知るための時間など、ほとんど残っていないはずです。

いいかえれば、わたしたちは自分の感情を抑え、本当の自分から逃れる方法を学ぶのに時間を費やしてきたので、自分の気持ちとか感情は「よそものの領域」になっていることが多いのです。

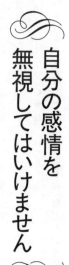

◇

自分の意識を閉じこめ、感情を閉じこめ、自分でない自分になろうとして数年をすごしたあとで、自分がまだ存在しているというのは奇跡に近いことです。ですから、本当の自分を見つけだすためには、これまで学んできたことを忘れることも必要なのです。

◆

自分の感情をうまく扱えるように訓練を受けた人など、ほとんどいません。わたしたちは、文学、数学、ビジネス、料理については学びます。しかし、感情に関心をもつ人はほとんどいないようですし、また、感情について教えることができる人もあまりいません。

わたしたちは、感情とは危険なものであり、一歩まちがえると爆発して、大変なトラブルを引き起こすものだとたびたび感じることがあります。つまるところ、感情は、合理的なものでも論理的なものでもないと思いこんでいるのです。安全なものこそ、論理的で合理的なものと、とらえているのです。

なんと悲しいことでしょう。そんなに感情が悪いものならば、なぜ神様はそんなものをわたしたちに与えたのでしょうか？

◇

わたしは、感情はそれほど悪いものだとは思いません。

感情があるからこそ、自分がどんな人間かがわかるからです。

感情があるからこそ、危険を感じたり、誰かがウソをついているときに察知できたりするのです。

感情があるからこそ、幸せや愛情、孤独や恐怖が体験できるのです。

感情があるからこそ、いまのままでいいのか、それとも何かしたほうがいいのかがわかるのです。

自分の感情を避けることは、自分自身から逃げることにほかなりません。

◆

「気づくこと」は、生きていくためにもっとも必要な技術のひとつです。それは自分で訓練することができます。わたしたちは自分が疲れているとき、あるいはひとりになりたいとき、それに気づく必要があります。また、自分が何を感じていて、それをどうしたいと思っているのかにも気づく必要があります。

自分が気づいたことは、あとで戻ってくるための「標識」になります。この「標識」によって、自分が学んだことを覚えておくことができるのです。

◇

そのときは人生でそれほど大切な経験だとは思えないことでも、のちにそれがまさに重要な経験であったことがわかることがあるはずです。もし、わたしたちがそれに気づき、「標識」を立てておけば、あとで考える時間がなくてただ行動するしかないときに、そこに戻ってこられるというわけです。

「知識」というものは、結局、自分が気づいたことを糸を通してつなげたようなものなのです。あなたの道を歩く人は、あなた以外にはいません。でも、同じような道を歩んだ人がいるかもしれません。もし、わたしたち一人ひとりが自分の歩んだ道に十分気がつけば、気づいたことを分かちあうことができるのです。

◇◆◇

論理的だと思えなくてもいいのです。合理的だと思えなくてもいいのです。とにかく、自分は本当はどう感じているのか、それに気づくことです。そうすれば、いろいろなことがわかってくるはずです。

理性ばかりを信用しないこと

わたしたちは、「理解」することをどれだけ重要視しているでしょうか？　もし混乱していて、何がなんだかわからなくなっていても、何が起こっているかさえ理解できれば、すべてがうまくいくと信じているようです。そして、今後何が起こるか、他人がある行為をどういう理由で行うかが理解できれば、問題ないと思っているのです。

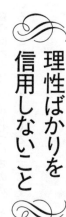

しかし、自分自身や他人について説明したり解釈したりしても、それらは結局、自分がただ感じたことにすぎません。

実際、自分がしていることを注意深く観察すれば、理解していることは感じていることにすぎないということがわかるはずです。それがわかれば、自分の感情を捨てることができるでしょう。傷ついたときや怒ったときのことを覚えていますか？　そのときの感情は理屈では説明できません。

感情は、ただあるものなのです。それは、今後自分がどうすべきかを教えてくれるものです。理解することによって心が癒された人などいないはずです。

◆

理性は、素晴らしい才能です。それは驚異的でもあり、創造的でもあります。しかし、理性が人生の敵になるようにしむけられていることも、よくあることです。現代社会では、論理的・合理的なものばかりに目を向け、直観や感情とのバランスをとることを省《かえり》みることはありません。

理性にしたがって生きるとき、わたしたちはものごとを分析し、解釈し、そして悩みます。実際にやっていることは、非常に論理的で合理的かもしれませんが、同時にまったく意味のないことかもしれないのにもかかわらず。

こうして、むやみに理性ばかりに目を向けていると、落ち着いた生活は送れません。

◆

「『自分が考えることはすべて正しい』と思いこんではならないとわかるまで、わ

◇

たしはかなりの時間を割いて、冷静に考えなければなりませんでした」と、ある人が書いているのを読んだことがあります。

わたしはこの文句が好きです。理性はいつも信頼できるわけではないし、助けてくれるわけでもありません。特に、理性が感情や直観とバランスがとれていないときほどそうです。

自分の感情と直観にしたがっているとき、理性はよりよく活かされ、最終的な決断を下すときにすべての情報を総合的に見ることができます。

考えることが悪いのではありません。考える能力は一種の才能であり、その才能をうまく活かせば、きっと自分の味方になってくれます。

わたしたちの考えていることや思っていることがすべてが正しいと信じて行動しているとき、トラブルに巻きこまれやすくなるのを覚えておいてください。

◇◆◇

頭で理解できても、なんとなく納得できないときがあります。その「なんとなく」をけっして無視しないように。それは理性と感情のバランスがとれていない兆候であり、その兆候を無視して突っ走るとなんらかのトラブルが生じます。

人間関係がうまくいかないと悩んでいる人に

CHAPTER 3

話す内容を相手が理解してくれると期待しないように

自分を変えることができるのは自分だけです。ほとんどの人はこのことを理解しています。そしてもちろん、ほかの誰かも変えることはできないということも知っています。

それなのに、「あんな馬鹿げたことはまったく信じられない」というようなことが起こり、やる気を失い、はらわたが煮えくりかえってしまいます。

これは、知っていることと、やっていることがぶつかってしまったときの状態を意味します。頭のなかでは「自分を変えることができるのは自分しかいない」と思っているのに、心の底では「いまに見ていろ」と叫んでいるのです。

このように、内面が葛藤しているときは、行動を起こす前に、心のなかの叫びが止まるのを待ったほうがよいでしょう。

◆

「娘のジュリーは自分が人にいったことについてよく悩むの。彼女は学校から帰ると、その日友だちにいったことを家族のみんなに話して、『どう思う？』と聞くのよ」

ある日、友だちがこう話してくれたことがありました。

自分がいったことに対して相手がどう反応するか、自分の期待どおりにいくと思うのは、傲慢なことです。

わたしたちは、相手が自分の望みどおりに答えてくれるように、正しいいい方を学ぼうとします(これをまちがって操作と呼ぶ人もいます)。また、正しい受け答えができるように、相手がどんなことをいうかを考えます。そして、相手と自分がいったことをコンピュータのような正確さで覚えるのです。

まるで言葉のデータ処理ができるかのように、いついったか、どのような口調でいったかということすら覚えておくのです。なんと大変なことでしょう。こんな調子ですから会話をしているあいだ中、ずっと不安なのです。

思ったことをすべて、ペラペラ口にしないようにすることは大切です。特に、本当かどうかわからないことはいってはいけません。そして、自分がいったことには責任をもたなければなりません。それでも、つい口を滑らせてしまったら、その失敗を学習経験として活かすことが肝心です。

◆

「目の見えない馬に向かって、うなずいても、ウインクしても同じこと」というアイルランドのことわざがあります。

自分が「目の見えない馬」に向かって、どれだけうなずいたり、ウインクしたりしているか考えたことがありますか？

わたしたちは、自分がいったことを、相手が完全に理解してくれることがとても大切だと信じています。そして、その人が理解していないようであれば、もっとゆっくりとていねいに説明し、もう少し声を大きくしていいさえすれば、最後には理解してもらえると思いこんでいます。

たいていの場合、少し話をすれば、相手が自分のいっていることを理解しようとしているかどうか、はっきりとわかるものです。そのことを覚えておくとよいでしょう。そして相手が興味を示さなかったら、すぐにあきらめましょう。

もしも相手が本当に理解したいと思いながらも理解できないのなら、同じことを三回くり返していってみることです。それでダメだったらあきらめたほうが賢明です。

相手が目を閉じ、耳をふさいでいるときに、うなずいたり、ウインクしたり、話しかけるのは愚かなことなのですから。

◇◆◇

相手に対して、自分のいっていることに興味をもたせようとしたり、理解させようとしても無駄なことです。それは相手しだいなのですから。

自分でコントロールできるのは、自分の反応だけです

「自分の反応は選ぶことができます。しかし、その結果起こることはコントロールできません」

と、ミアはいいました。

何かに対しどのような反応をするかは自分しだいですが、その反応の結果どんなことが起こるかまではコントロールできません。それを知ることは、「混乱したストレス状態」から脱し、「落ち着いた生活」を送るための大切な教訓といえるでしょう。

つまり、ほんの少し見方を変えれば、それによって大きなドアが開くことがあるということです。見方を変えるのは自分自身であり、自分以外の誰でもないということを知れば、心が安らぐはずです。

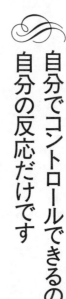

◇

結局、人は自分のやりたいことをするだけです。それをコントロールすることはできません。事態は常に変化します。それもコントロールすることはできません。

同じように、さまざまな機関や団体が思ったとおりにうまく機能することなどめったにありません。それをコントロールすることはできないのです。ありがたいことに、人生は自分の思い描いた予定表のとおりに、進むことはけっしてありません。そんなことは不可能なのですから。

しかし、「コントロールできないこと」に対してどう反応するかは、わたしたちしだいです。そして、最初に自分がどう反応したかに対して、次はどう反応するかを決めるのもわたしたち自身なのです。

◆

アイルランドには次のようなことわざがあります。

「けっしてさくらんぼを豚に与えるな。けっして馬鹿にはアドバイスするな」

さくらんぼを豚に与えるのがよいかどうかは、わたしにはよくわかりません。仮にそんなことをしたらどうなるのでしょうか？　さくらんぼは豚には贅沢すぎ

◇

るのでしょうか？　豚は病気になるのでしょうか？　種も全部飲みこんでしまうのでしょうか？　種を消化できるのでしょうか？　こういったことが気にはなりますが……。

しかし、人間に対するアドバイスについては、ある程度のことはわかります。もっとも確かなことは、アドバイスを受け入れない馬鹿よりも馬鹿なのは、馬鹿にアドバイスをしようとしている人だということです。

つきつめて考えてみれば、本当に知ることができるのは自分のことだけです。また、変えることができるのも自分自身だけなのです。

わたしたちは、自分の経験や意見を他人と分かちあうことができます。また、学んだことも分かちあうことができます。しかし、そのあとは彼らしだいなのです。トラブルが生じるのは、彼らがその情報をどうするかを自分でコントロールしようとするからなのです。

◇◆◇

何をするにしても、その結果どんなことが起こるかコントロールすることはできません。それは、わたしたちの努力の範囲外のことです。

ふたりの関係がうまくいくために

誰かとつきあいはじめたら、その人とうまく続くかどうかばかり考えて、片時もその人のことを忘れないことが、うまくやっていく唯一の方法であるかのごとくふるまうことがよくあります。確かに、そうすればふたりの関係はいつも刺激的となるでしょう。

しかし、そうすることによって、最終的にふたりの関係を高められるかというと、けっしてそうではありません。大切なのは、相手を自分の思うとおりにしようとはせずに、ただありのままのふたりでいるということなのですが、それはじつに難しいことなのです。

ふたりの関係が続くかどうかを心配しているときは、ふたりの関係が高められていないことを認識するのは簡単ではありません。そのときにはすでに感情的にも精神的にも、もはやふたりの関係からはみ出してしまっていて、外側からふたりの関係を観察しているということなのです。こんなことをしていては、その関係はすぐに壊れてしまいます。

はっきりいうと、ある人との関係がうまく続くかどうかを心配しているときは、すでにその人との関係は終わっているわけです。

人間関係というのは、観察するものではなく、築きあげるものなのですから。

◆

わたしたちは、人間関係を「うまく活かせる」方法は、相手に焦点を当てることだと学んできました。ほとんどの人が十代のときに教えられたノウハウとは、「相手がしてほしがっていることをする」とか「相手が好きなことと嫌いなことを知り、相手を喜ばせること」といったものです。

これらのノウハウは、それ自体何も悪いところはありません。ただ、愛している人を操作したり、人間関係をコントロールするためにこのノウハウを使うと、トラブルが生じることになります。

あるいはまた、「人間関係は相手に焦点を当てることによって築かれるものであ

◇

る」と信じこむと、トラブルが生じてきます。なぜなら、そうすることによって、その人のどこが悪いのか、それを直すにはどうしてあげたらよいかばかりを考えてしまうからです。

自分自身に焦点を当て、変えることができるのは自分だけであるということを本当に理解したとき、人間関係は変わってきます。あなたはそうすることが、怖いですか？　怖くなければ、自分自身を見つめましょう。そして、自分が本当に何を感じているかがはっきりわかったら、愛している人とそれを分かちあいましょう。

◇◆◇

人は結局、自分のやりたいことをします。人を、自分の思うとおりに動かすことなどできません。わたしたちにできることがあるとすれば、自分を見つめることだけです。

人間関係は変化することを知りましょう

「お互いが他人同士である、と理解するには、相手のことを本当によく知らなければならない」

と、メアリー・タイラー・ムーア（訳注＝アメリカの映画女優）はいいました。

わたしたちは、本当に他人のことを知っているのでしょうか？「他人」とはいったいなんなのでしょうか？　実際、わたしたちは、他人も自分も同じ人間であり、人間というものは変わらないものだと信じています。ですから、いったんある人のことを知ってしまえば、それでおしまいなのです。そのことにただ満足して、ほかのことに目を向けはじめてしまいます。

それでは、「人間」とはなんなのでしょうか？　もしも「人間」を変化するプロセス（重複したり、相互作用したり、もつれあったり、交わったりするプロセス）

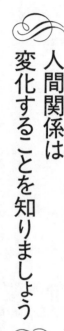

の連続として考えれば、他人と知りあうことに関してかなりちがった考え方をするようになるはずです。

そんなふうに考えると、人間関係とは「常に変化し、終わることのないプロセスの組み合わせ」になります。そして、わたしたちは、そのような人生に参加することができるのです。そうすれば、もちろん他人のプロセスを変えることにもつながります。逆に他人がそうすれば、自分のプロセスも変わるのです。

常に変化しているふたつの万華鏡が、一緒になったり離れたりするところを想像してみてください。人間関係を信じれば、それがどんなものになりうるかがわかってくるでしょう。

他人を知ることとは、生涯にわたるプロセスなのです。

◇◆◇

人間は固定されたものではなく、常に変化するプロセスです。そう理解すれば、いったん悪化した人間関係でも改善できるということが信じられるようになります。

◇

他人と親しくなるちょっとした秘訣

「わたしはある仕事で、すっかり疲労困憊《こんぱい》しちゃったわ。その仕事というのは来週の月曜からはじまるの」

と、友人のペテは冗談を飛ばしました。

自分のことをおもしろい人間だと思ったことはありませんか？　もしも自分に関する冗談を口にしなければ、自分のおもしろさは誰も知りようがありません。自分だけが自分の逸話《エピソード》（おかしなことを思ったり、だいそれたことをたくらんだりしたことなど）を話せる人物なのです。

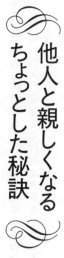

自分自身のちょっとした秘密を身近にいる人と分かちあって、一緒に大笑いできたら、どんなに楽しいことでしょう。

ですから、自分のちょっとした愚かしい行為を話すことは、親しくなるための

◇

素晴らしい方法なのです。

「ねえ、今日わたし何やったと思う？　信じられないと思うわ。だって、わたしだって信じられないんだもの」

と話しかけるほど、人を惹きつけることはありません。

わたしたちは、このような「秘密」を分かちあうのをためらいがちです。というのも、自分がこうだと思いこんでいる自分のイメージを壊したくないからです。自分のイメージを保つことが、人と親しくなりにくくしているとは思いもよりません。

あなたに本当に関心を払ってくれている人は、あなたのありのままの姿を知りたがるものです。特に、それがおもしろいものであるときほど。

自分のことを人に話すことは、思っているより簡単です。それに、その話が自分でもおもしろいと思えるときは、聞く人もきっと楽しめるはずです。

◇◆◇

親しくなりたい人がいれば、その人に、自分のちょっとしたおもしろい「秘密」をそっと打ち明けてみましょう。その人も、本当はあなたのそんな「秘密」を知りたがっているかもしれません。

知らないうちに、人と親しくなるのを避けていませんか？

「家族の誰かか、友だちのなかに自分を心配してくれる人がいると、自分があまり心配しなくてもすみます」

と、友人がいったことがあります。

彼女のように、多くの人が「人それぞれに心配しなければならない分量」があると信じているようです。ですから、家族や友人のなかに、自分の分を減らしてくれる人がいれば助かることになります。そういう人がひとりもいないとすれば、本当に寂しいものです。

けれども、大切なのは、心配を分かちあう人を探すかどうかではありません。自分自身の寂しさを見つめ、どのように他人と親しくなっていくかを考えることなのです。

◇

わたしたちは、心配したり、心配しあったりすることで、人と親しくなることはけっしてありえません。じつは、心配しあっている仲というのは、お互いが親しくなることを避けているのです。

もちろん、興味を分かちあえる人をもつことは大切なことです。しかし、それ以上進んでしまって、「一緒に心配しあう仲」になることは、親しくなることから一歩後退することになるにちがいありません。

興味を分かちあい、一緒に行動することによってこそ親しさが増すのですから。

◆

もっとも大切な人間関係において、親密になることを避けるために、よく「心配」を使います。確かに、これはとても有効な手段といえます。

しかし、誰か(たとえば自分の子供)のことを心配しているとき、実際は自分はその人とのあいだに「見えない壁」を作っているのです。関心を払っているようなふりをしながらも、親密になることをたくみに避けているのです。

「見えない壁」はいろいろな要素からできていますが、そのどれもが混乱を招きます。

◇

まず第一に、心配すれば「現在」から遠ざかることになります。つまり、心配している人の「現在」が見えなくなるわけです。なぜなら、心配していることはたいてい過去のことか、未来のことだからです。そんな「現在が見えない」状態で、いったい誰とちゃんとした関係を築けるのでしょうか?

もうひとつ、自分が愛している人を心配しているとすれば、その人と、その人の能力を尊重していない場合が多いものです。

結局、心配性の人というのは、自分勝手に相手のことを心配しているだけであって、本当にその人のことに目を向けているのではありません。

◇◆◇

誰かと本当に親しくなりたいのなら、まず、自分の寂しさに正面から向きあってみることです。

人は人、あなたはあなたなのです

自分で自分を困らせている原因のひとつに、信頼に値しない人でも信じなければならないと思いこんでいることがあげられます。だれでも自分の望みどおりになる世界がいいに決まっています。そうするためには、少しだけ見方を変えれば（もちろん、細部まで慎重に考える必要がありますが）、物事がぐんとよくなるはずです。

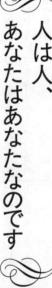

みんながみんな、自分のいったことを守る人であれば、こんなにいいことはありません。それに、もしもある人が自分のいったことを守らなければ、その人が実際どうするのかを無視して、無理にでもいったことを守らせることもできます。つまり、彼らがそのとおりにするように（とにかくていねいに）要求するのです。

そうして、相手がそのとおりにしなければ（現実を見てください。こういうことはよくあることです)、自分は裏切られたと感じ、激怒します。そうなると、その人もいやな思いをするし、結局は自分だっていやな思いをすることになります。したがって、知恵をうまく働かせる方法のひとつは、「こうあってほしい」と思いながら他人を見るのではなく、その人のありのままの姿を見ることです。

◆

他人が自分のことをどう思っているかばかり気になってしまうことが、よくあります。そんなときは、他人から認められようとしてあくせく動きまわることに時間とエネルギーのほとんどを費やしてしまいがちです。

数年前、わたしはひどい裁判に巻きこまれました。そのときは、自分に向けられた告発にショックを受け、相手側の人たちがわたしをこういう人間だと決めつけているのを知り、精神的に打ちのめされてしまいました。

わたしは、真実がひどく歪められていることに驚きました。と同時に、彼らの歪んだ見方がどうしても許せなくて、世の中に真実を訴えてやりたいと思っている自分に気づきました。

それからしばらくして、わたしを愛してくれている人たちは真実を知っているし、そのほかの人たちはそんなことなど関心がないのではないかと思うようになりました。また、真実というエサに飛びついてくるような人は、おそらく味方にはなりえないだろうということもわかりました。

こんなふうに苦しんでいたとき、

「他人がどう思うかなんて、わたしとは関係ありません」

という言葉を思いだしたのです。それからは、この言葉がわたしの口癖になっています。その時点で新たに、「なんでも自分の思うとおりにできる」という幻想を捨てたのです。

自分の力ではどうしようもないことを悩むことは、ちょうど風が吹いている方向に向かって唾をはくようなもの。それはただ自分の顔にかかってしまうだけです。

◇◆◇

他人からよく思われたいと願うのは、もうやめましょう。他人にどう思われようが、自分のやりたいことをやって生きたほうが何倍も幸せになれます。

ほかの人にひどいことをする人は、あなたにも同じことをします

スペインには次のようなことわざがあります。

「あなたに誰かの噂話をする人は、陰であなたの噂話もしている」

わたしたちは、自分の好きな人がある人にひどいことをしても、自分にはそんなことはしないだろうと思いがちです。「そんなことは絶対にあるはずがない」などと思いこんで、安心しようとさえします。しかし、これは大変奢《おご》った見方です。

たとえば、「彼が、昔つきあっていた女性にひどいことをしたのは知っている。でも、自分に対してはそんなことをするはずはないわ。なぜって、彼はわたしを愛しているのだから」と、すっかり信じてしまうのです。

けれども、それはまちがっています。

そう信じるのは、それだけ自分がだまされやすいということにほかなりません。

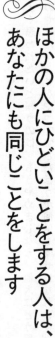

◇

自分とその人との関係だけは、その人とほかの人との関係とはちがう。そして、自分がその人を愛せば、その人が「癒される」と誤解しているのです。でも、気をつけてください。自分のだまされやすさに注意してください。

人は、自分自身に面と向かってとりくみ、根本から人格を変え、ストレスのなかで生き抜くための手段を学ばないかぎり、同じことをくり返してしまうものです。その人が同じことをくり返すのを、誰もコントロールすることはできません。わたしたちにできることは、その人が同じことをくり返したときに、それほど驚かないようにするだけです。

◆

人を判断するとき、その人が「いっていること」ではなく、「実際にやっていること」で判断できるようになれば、あなたの悩みも半減するでしょう。善意で接してくれている人でさえも、本人にとって何が真実なのかがわかっていないこともよくあります。

人は、自分がやるといったことをやろうとしても、なかなかできないことが多いものです。その人は、自分の能力を超えたことを考えたり、望んだりしているのかもしれません。あるいは、自分が理想としている人間になろうとしても、なかなかなれそうにない生活を送っているのかもしれません。

そこで、まわりの人たちを判断する情報は、すべて自分に備わっていることを認識してみてください。もしも他人が抱いている幻想を信じてしまうと、自分の見方や情報に触れられなくなる恐れがあります。愛している人に対しても、自分がもっている情報を利用し、彼らのありのままの姿を受け入れれば（たとえそれが気に入らなくても）悲しむことはそれほどなくなるはずです。

「いっていること」ではなくて、「実際にやっていること」で相手を判断しましょう。まずその人の行動を信じることです。

◇◆◇

豊かな人間関係を築きたいのなら、相手と自分との関係を特別視しないことです。そうではなくて、その人が「実際にやっていること」を見て、ありのままの姿を知ることです。

人を尊重するということは、どういうことでしょうか？

「母がわたしのことを心配するとき、侮辱されたような気がします。まるでわたしが自分ひとりでは何もできないとでも思われているような気がするのです」と、カレンはいいました。

あなたも彼女のように思ったことはありませんか？

人に与えることができるもっとも素晴らしい贈り物のひとつは、その人を尊重することです。それなのに最近では、尊重したりされたりということがめっきり少なくなってきています。

尊重とは、その人のことが好きか否かは別として、その人を大切にし、その人がありのままでいる権利を認めることです。

尊重とは、お互いのちがいに気づくことです（そのちがいによって、お互いの価値を認めたり、お互いを高めることができるのです）。

尊重とは、他人があるがままでいるのを許すことではありません。

尊重とは、他人が何に関心があるのかを、認めたり許したりする権利は自分にはないと認識することです。

尊重とは、他人を是認することではありません。なぜなら人を是認したり否認したりする権利は誰にもないからです。他人の言動に対する感想ならもつことができます。

尊重とは、人にはそれぞれの人生があることに気づくことです。また、一人ひとりが（誰の仲裁も必要とせず）神と個人的な関係をもっているということに気づくことです。

◆

「子供のことを心配しないことにしたとき、わたしの人生はがらっと変わってしまいました。自分の人生で何がしたいのか、それを見つけなければならなくなったのです。それは恐ろしいことでした」

と、パティはいいました。

◆

わたしたちは、知らず知らずのうちに他人を利用していることがあります。ほとんどの人は、他人を利用するのは一種の恥だと思っているにもかかわらず。そして、自分だけはそんなことはけっしてしないと確信しています。

しかし、自分が他人を利用しているということだけでなく、もっとも親しい人(自分の子供、配偶者、親友)を利用していることに気づいたなら、びっくり仰天してしまうことでしょう。

自分の子供も配偶者も親友も、身近にいるので、ある意味では非常に便利な存在といえます。なぜなら、自分自身のことは棚上げして、その人たちの人生にばかり目を向けていればいいわけですから、とても簡単なことにちがいありません。

そんなことをしているかぎり、わたしたちは、自分自身の人生を生きるとか、愛している人に自分をさらけだすなどという恐ろしいことはしなくてもすむわけですから。

◇◆◇

ある人のことを大切にしたいと思うのなら、その人がありのままでいる権利を認めることです。それがその人をもっとも大切にする方法なのです。

他人を責めても人生は好転しません

「口げんかをするにはふたりいなければならないが、それをやめるにはひとりになればいい」

　ということわざがあります。

　何年か前、わたしが精神科医だったころ、仲たがいをしている夫婦からいろいろな話を聞かされたものです。彼らはよく、「あなたがこういったからよ」とか、「お前がこういったからだ」といって、お互いを責めていました。そんないい争いを、なんとか仲直りさせてあげられないものかと思いながら、わたしは耳を傾けていました。

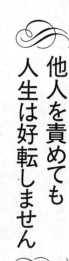

　しかし、そのうちそんなことをしてもなんの意味もないことがわかりました。

　ほとんどの口げんかは、相手の言動が発端となり、相手ばかりに目を向けることで生じているからです。そのくせ、自分がその言動にどう反応したかに関しては無関心なのです。

もちろん、相手のほうが本当におかしい場合もあるかもしれませんが、それは自分とは関係のないことです。おかしい人はそれなりに生きるしかないのですから。

しかし、自分がどのような反応をしたかについては、自分自身に責任があります。それこそが、自分で変えることができることなのです。

◆

人を責めることが問題となるのは、実際は責めることがプロセスのはじまりにしかすぎないのに、それをよく最終点だと思うことに原因があります。他人を責めようとする傾向は、自分に対する危険信号である可能性が強いと考えていいでしょう。

それなのに、多くの人は条件反射的に誰かを責めようとします。そうすると、自分をかっこうの「責める対象」として自分自身に焦点を当てることもあるし、自分を責めている最中に、ちょうど他人を客観視するように自分自身を客観視してしまうこともありえます。

叱責は意味のないことであり、大切なのは、誰が責められるべきだとか、何が責められるべきだとかではないということ。自分が何を感じ、何を必要としているかをじっくりと考えてみることです。

わたしたちは、理由もなく誰かを責めたくなることがありますが、そのような傾向が自分にあることを理解し、冷静に自分を見つめれば、自分にとって何が必要なのかがわかってきます。

◇◆◇

他人を責めても、それで事態が好転することはありません。他人を責めたくなったら、責める前に、自分はなぜその人を責めようとしているのかを考えてみることです。

責任をとるには、どうすればいいのでしょう

現代社会では、自分の人生に責任をとるということは、とてもやっかいな問題です。わたしたちは責任の概念について、混乱しているようです。残念ながら、責任は叱責と同じようなものだと思っているようですが、叱責されたいと思う人はいないはずです。

責任と叱責は、明らかにちがいます。健全な責任のとり方というのはオーナーシップのようなもの——つまり、自分で自分の行動を決め、その結果をみずから処理することです。

わたしたちは、ときどき自分が選択したことの責任を、誰かにゆだねようという誘惑にかられることがあります。自分の決断に対する責任を、誰かに押しつけようとしたくなるときもあります。

◇

けれども、そんなことをしていると、結局は自分自身の力がなくなってしまいます。自分で自分の人生を生きる権利を放棄し、自分を無力な被害者にしてしまうのです。

もっとも、その逆の場合もありえます。「心配は、するかしないかという問題ではありません。しなければならないのです」とナンはいいましたが、彼女のように、すべての出来事に対して責任をとるというのは、これもまたエネルギーの無駄づかいといえるでしょう。

このように、自分の人生に責任をもつということは、確かにやっかいなことです。それでも、その方法は学んだほうがいいに決まっています。そうしなければ、自分の人生を生きることなどできないのですから。

◆

「自分のシワを見るとうれしくなり、それを栄誉ある勲章だと思うことにしています。なんといっても、わたしはそのために一生懸命働いてきたのですから」と、マギー・クーンはいいました。彼女はなんにでもぶつかっていくおもしろい女性でした。

◆

いつもひときわ目立つ存在で、彼女を初めて見たとき、かわいいカメオ(訳注＝浮き彫りを施した貝殻)のようだと思いました。わたしがいままで出会った人のなかで、もっとも斬新な人でした。そして、マギーは自分の人生に責任をとる人でした。

いまの社会では、自分の人生に責任をとることは容易なことではありません。どんなことが起ころうとも、どういうわけか必ず誰かのせいになってしまいます(もちろん、両親はいつもその標的になります。そして教師や、親戚や、学校や、教会や、世の中全般もその責めを負うことになります)。いつも誰かが加害者にしたてあげられるのです。

すでに自分に起こったことは、とり返しのつかないことです。そして、もっとひどい経験をしている人もたくさんいるということを覚えておくとよいでしょう。もしも他人が自分にしたことばかりを考えていれば、悲惨な生活が待っています。何が起ころうとも、それは自分の経験なのです。経験することは、人生を築きあげていくための材料になります。それによって何を築きあげていくかは、自分しだいなのです。

◇◆◇

ついつい誰かを責めたくなるのは、精神が自立していない証拠です。自分の選択に責任をとることによって、初めて精神が自立するのです。

友だちのことがわからなくなったときに

「あなたに黙っておくように強要する人や、あなたが成長する権利を否定する人は、あなたの友だちではありません」と、アリス・ウォーカー（訳注＝アメリカのピュリッツァー賞作家）はいっています。

ある人と友だちであり続けるのは、簡単なことではありません。友だちをつくることもそうです。特に、それなりの努力をしていないときは。

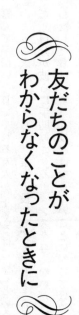

たとえば、好きな人から自分に対する本音を聞かないようにすることで、逆にその人との友情を傷つけてしまうこともあります。

「お互い、相手が聞きたくないことをいってはならない」という条件のもとに友情を築いたのなら、それは本当の友情ではありません。それは拘束です。友だち

◇

というのは、自分のことをいちばんよく知っている人であってほしいもの。あるいは、たとえ欠点に気づいても批判することなく、それをそっと教えてくれる人であってほしいものです。

もうひとつ、愛している人に変わらないことを要求してしまうと、その人とは友だちにはなりえません。

友だちは変わります。友情も変わります。本当の友だちは、自分が変化していることを率直に語ってくれるはずです。

◆

人から援助を受け入れるにはコツがいります。ですから、実際に援助を受ける人はほとんどいませんし、その大切さを認める人はもっと少ないようです。

喜んで手伝いをしてくれる友人が、すぐそばにいるということがよくあります。このような人は、おそらく、誰かの役に立てることをうれしく思う人でしょう。ただ、自分が彼らに手助けさせるチャンスを与えないだけなのです。

わたしたちは、やらなければならないことに対しては熱中し、自分自身を励ましながらでもがんばります。そして、すべてを自分ひとりでやらなければ気がすまないのです（それを密かに楽しみながらやるかもしれません）。

自分を気にしてくれている人や愛してくれる人に、自分のために何かをさせてあげる喜びを与えないのは、とても悲しいことです。彼らはただじっと座って、わたしたちがあくせくしているのを見ていなければならないでしょう。何もせずに。

◇◆◇

何もかも自分ひとりでやろうと気をはりつめないことです。まわりに、喜んであなたを助けてあげたいと思っている人がいるかもしれないのですから。

愛することに自信がない人に

CHAPTER 4

愛することは、人間のひとつの才能です

「愛とは、不安な恐れに満ちたものです」

と、ペネロピ（訳注＝イギリスの作家）はいいました。

愛することは、人間にとって（といっても、人間だけのことではありませんが）もっとも素晴らしい才能のひとつです。その愛が不安な恐れで満ちているとしたら、なんと悲しいことでしょう。

確かに、愛することが才能だということを、いつも覚えておくのは難しいことです。どんなにがんばっても、他人に自分を愛してもらうことはできません。子供にも、両親にも、友だちにも、愛してもらうことはできません。あるいはまた、結婚したいと思っている人にさえも、愛してもらうことはなかなか難しいものです。

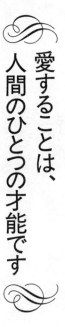

◇

けれども、愛すること自体は「不安な恐れで満ちている」ものではありません。自分の思うとおりに愛を操れると信じているから、不安になるのです。そう信じていると、ちょっと目を離したすきに愛する人を誰かに奪われたり、愛がなくなったりしないようにと常に警戒しなければならないことになってしまいます。愛を失ってはいけないいと考えたら、けっして気が休まらないでしょう。

愛することがひとつの才能だと覚えておくと、心が落ち着くし、愛することを楽しめるようになるはずです。

◆

「心配が愛情を殺してしまうというのは真実です」

と、スー・ウイッティカーはいいました。

愛情は永続的なものですが、同時に人間の感情のなかでももっともデリケートなものです。ある意味では、愛情はエネルギーのようなもので、作ったり壊したりすることはできません。ただ変化させることができるだけです。

わたしたちは愛情についての認識がかなり混乱しているため、自然に愛することがなかなかできません。ほとんどの人は誰かに愛情を求めますが、愛情が得られたら得られたで、さらに深い愛情を求めようとします。自分のもっとも誠実な行為（たとえば心配すること）が、自分の愛情を殺すだけでなく、愛している人の愛情をも殺してしまうことを知ったら、どんなにあなたは心を痛めることでしょうか。

わたしたちは、愛情が消えはじめたとき、何がなんでもそれをコントロールしようと必死になります。その結果、さらに孤立し、おびえてしまうのです。

心を落ち着けて、愛情とは人々のあいだのエネルギーの流れにすぎず、作ったりコントロールしたりすることはできないということを覚えてさえおけば、きっと自分自身の人生が歩めるようになるでしょう。

◆

アニーは次のようにいっています。

「自分の愛がうまくいっているかどうか心配するときは、じつはうまくいっていないのです」

自分の精神が自立していなければ、他人に愛情を示すことなどできません。愛情を示すことは、人間であることの恩恵のひとつといってよいでしょう。実際、愛

◇

愛情を示す方法はたくさんあります。

食事が終わったあとで、台所で一緒にあと片づけをしてあげるのもそのひとつです。

やりたいことを、お互いに自由にやらせてあげるのも、一緒になって一日の計画、人生の計画を立てるのも、お互いの深い愛情からセックスするのもそうです。

ただし、どんな方法で愛情を示そうとも、覚えておかなければならないことがあります。それは、愛情をうまく示そうとして前もって計画し、相手をコントロールしようとすれば、うまくいかなくなるということです。

愛情を示しているときに、それがうまくいくかどうか心配していたら、おそらくうまくいかなくなるでしょう。それは、愛情そのものから自分が離れてしまっているからです。

◇◆◇

愛情は、すべてを自然にまかせたときに生まれてくるものです。

セックスはとてもシンプルなものです

「わたしは他人の心や感情をコントロールしようとは思っていません——ただ『セックスは神様からの贈り物ではなく、いけないものである』という考え方から解放されるお手伝いがしたいだけなのです」と、作家マリー・カルドロン（訳注＝代表作に『子どもと性を話そう』）はいいました。

セックスは、わたしたちにとって混乱と恐れがうずまいている領域です。残念なことに、わたしたちはあいまいな知識しかもてないまま、セックスにとりつかれています。

おまけに、社会全体がセックスはもっとも重要な心配事であるかのごとくとりあつかっています。ですから、セックスに関して、あまりにも多くの「すべきこ

◇

と」に圧倒されてしまって、何が自分にとって正しいのかがわからなくなっているのです。

そこで、自分が混乱してしまっていることは、多少は許してあげることにしましょう。自分がそうなってしまったのは、それなりの原因があったからであり、自分ひとりの責任ではないのですから。

◆

有名なハワイ人であるカフナは次のようにいったそうです。

「決まったひとりのパートナーと毎日セックスするべきだ」

また、素晴らしい夫婦関係を築き、性生活も楽しんでいるある夫婦は、次のようにいいました。

「セックスは歯を磨くようなもの。とても楽しいことです」

◇◆◇

セックスに関して大切なことは、次の三つの条件を満たしているときだけ性的な関係を結ぶようにすべきだということです。

①セックスに関して自分がはっきりとした意見をもっているとき。

②セックスに関して相手がはっきりとした意見をもっているとき。
③自分が何をしているのかが自分ではっきりわかっているとき。
この三つの条件が満たされていないあいだは、性生活は控えるしかありません。

からかうのは深い愛情表現でもあるのです

人をからかうことは、たくさんの人にとって緊迫した問題となっています。トラブルの絶えない家庭において、家族の誰かをからかうことは、相手をいじめたり、やりこめたりするためのものにほかなりません。今日の社会では、からかうことを愛情として経験したことがない人が非常に多いからです。

本当は、からかうこと自体は、とても愛情深い行為でもあるのです。実際、ほとんどの人は、愛する人をからかってばかりいます。彼らにとってからかうことは、親しみを表現する方法のひとつといえるでしょう。つまり、そうすることによって、

「わたしはあなたが好きです」

と言外に表現しているのです。

◇

無条件に誰かを愛するとき、その人のすべてが見えてきます。そして、その人のすべてを自分の存在のなかにとりこもうとします。いいかえれば、他人を自分のもっとも深いところにとりこむ方法のひとつが、からかうことなのです。

「もしも誰かがあなたに塩を投げつけても、あなたに傷口がなければ、痛くも痒《かゆ》くもないはずだ」

ということわざがあります。

もしも誰かにからかわれて、それが「傷口にあてられた塩」のように感じるのなら、問題なのはおそらくからかわれたことではないはずです。わたしたちは、その「痛みを感じるところ」をよく注意して見なければなりません。

もしもある人からからかわれるのが好きだとしたら、その人から深く愛されているということなのです。

◇◆◇

誰かにからかわれたとき、その人の愛情を感じることができたら、その人にお返しをしてもいいでしょう。そのような愛の育《はぐく》み方もあるのです。

子供と素晴らしい関係を築くには

「心配することは愛することとです。あなたが自分の子供のことを心配せずに、そして子供があなたから心配されていないと感じるときに、その子があなたから愛されていると思うでしょうか？」

といった人がいます。

わたしたちが本当に望んでいるのは、自分の子供を愛し、その子が自分の愛に気づいてくれることとです。

わたしたちは、愛することをなぜか恐れます。ちゃんと愛せないのではないかとか、愛が拒絶されるのではないかと不安になりがちです。多くの人が、よい見本がないから愛し方を知らないと感じています。しかしながら、本当に愛せるかどうかやってみようと、あえてリスクをおかす人がいるでしょうか？

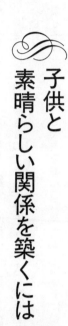

ひとつの方法として、正直になることが考えられます。本当は愛したいのだけれど、愛し方を知らないということを、自分の子供に正直にいうことです。そうすれば、効果があるかもしれません。

結局、リスクをおかさなければ、得るものは何もないのです。

◆

「わたしは自分がどれほど子供を傷つけていたかについて悩みました――いままで後悔したことをすべて。それにすっかり嫌気がさしたとき、何かほかのことをしようと思いたったのです」

と、ベティはいいました。

自分の子供を一度も傷つけたことのないという親はいません。そんな親などいるわけがないのです。しょせん、親も人間であり、子供も人間です。現実として、親子関係には危険がつきものであり、ほとんどの人は試行錯誤しながら生きているのです。

親と子は一緒になって人生を歩んでいきます。親が子にしてあげられるもっとも価値あることは、自分のまちがいや失敗を認め、自分がしたこと（またはしなかったこと）に対する償いをし、昔の自分（子供が小さかったときの自分）よりももっと成熟した大人になったことを示すことです。

◇◆◇

素晴らしい親子関係を築きたいのなら、親としての不完全さを受け入れ、子供に対して正直になることです。親として不完全であることは、けっして恥ずかしいことではありません。完全な親などこの世にひとりとして存在しないのですから。

なかなか
リラックスできない人に

CHAPTER 5

疲れたときは、自然のなかに出かけてみましょう

平和《ピース》。

わたしは、この言葉を読むと、のどかな気分になれます。

わたしにはアメリカンインディアンの友人がいます。彼は、いつも次のようにいっていました。

「もしも落ちこんで打ちひしがれたら、大地に戻るのです。寝転がって大地に頭をつければ、あなたは癒されます」

もしもこのとおりにしようと思ったら、あくせくするのをやめて、いまとりくんでいることを中止しなければなりません。そうして自然のなかに入っていき、大地の上に座り、背伸びをして、体中をリラックスさせたら、しだいに気分もよくなっていきます。

◆

わたしはときどき自分のお気に入りの木まで歩いていって、その木によっかかります。そして気分がよくなるまで、そのままでいるのです。

◆

「聖なる大地はわたしたちの言動を見ています」

と、エイネバゴーはいいましたが、わたしたちの言動が「聖なる大地」から見られるに値するものだとしたら、なんて素晴らしいことでしょう。

また、シドニー・ラベットは次のようにいっています。

「ときどき『人間の手でつくられた以外のもの』をよく見てみましょう。たとえば、山、星、川などを。そうすると知恵がつき、忍耐力がつき、心が癒されます。何よりも、自分がひとりぼっちではないことがわかります」

このように、自然は人類にとっていちばんの教師といえます。何年か前、あるアメリカンインディアンのまじない師が、わたしに次のように語ったことがあります。

「準備ができたらわたしのところに来なさい。自然のなかに連れていってあげよう。そこに行けば、知らなければならないことがすべてわかる」

◇

人間は、「人間の手でつくられた以外のもの」に時間を費やす必要があります。どこにいても、なんらかの形で自然と接することができるはずです。それは居間に花を飾るだけのことかもしれません。冬の空をちらっと見あげるだけ、あるいはは地平線に浮かぶ一本の木の輪郭を見るだけのことかもしれません。

◆

朝、早く起きれば、のどかで静かな時間がもてます。また、日が昇るのを見ることもできます。

ご存知のとおり、日が昇るのは一瞬にして起こるわけではありません。それは徐々に起こるプロセスです。夜が少しずつ明けてきて、陰のマントをとり、ぼんやりとした珊瑚色の空が見えてくると、戻りつつある太陽の暖かさに、何百万もの星がおじぎをするのです。夜が地球の反対側に移っていきます。鳥の歌声が、朝の到来を告げます。朝ののどかさは、つい抱きかかえたくなるものです。

自然はいつも存在しています。自然から遠ざかろうとしているのは人間のほうで、自然はけっして人間から逃げはしません。自然に接していると、人は本来の自分に戻ることができるのです。

◇◆◇

不安になったり、心配事で頭がいっぱいになったら、しばらく自然に接してみましょう。自然に接していれば、心が癒され本来の自分に戻ることができます。

みずから危機をつくらないこと

「心配してしまうと、なんでもないことが、とんでもないことになってしまう」というスウェーデンのことわざがあります。

なんでもないことでも、初めて知ったときには、大変なことに思えることがよくあります。事実、心配性の人にとっては、予期していなかったことが起こった瞬間は、とんでもないことが起きたように感じられるものです。それをくよくよと悩むから、ますます大《おお》ごとのように思えるのです。

じつは、そこに手がかりがあります。くよくよ悩まないようにすることはできないのでしょうか？　わたしの知っている女性で、くよくよ悩まないようにすることで、心の落ち着きを得たという人がいます。

彼女の場合、何かひどいことが起きたら、そのままショックを受け、しばらくのあいだ、そのままにしておくのだそうです。それから落ち着いたら、そのことは考えないようにし、そしてその事件がなんの「負担」にもならなくなったときに、たいていは解決方法が浮かぶのだそうです。その事件を初めて知ったときには、まったく考えもつかなかった解決方法が。

◆

わたしたちは、どれだけ多くの時間を混乱と危機のなかですごしていることでしょう。そんなふうにアドレナリンが出ているときほど、生きている実感を感じるときはありません。しかし、自分のドラマに熱中するあまり、人生そのものよりも、そのドラマのほうがより実感できることがよくあります。あるいは、自分の人生をなんでもドラマ化してしまう場合もありえます。

いってみれば、何か事件が発生すると、話だけがだんだん大きくなり、本当のことがわからなくなっているのです。病気になったら、それが人生のドラマにさえなるかもしれません。病気が進行したら、それがまた新しい危機を生みだす……。一日一日がただすぎていくだけでは満足できなくなり、日々の暮らしを危機で飾らなければ気がすまなくなってしまいます。

◆

なかには、危機がなければ、人生が退屈になってしまうという人もいます。いつも危機にさらされていなければ、活気が出てこないという人もいます。けれども活気づくために、アドレナリンを大量に出さなければならないということはありません。実際、活気そのものはアドレナリンの量とはなんの関係もないのですから。

わたしたちは、精神的に危機におちいっているときほど、「いま」を生きていません。予期しなかったことをみずから危機にしなければ、チャンスがいっぱいころがっているのです。そんなふうに危機におちいっていると、学習するチャンスを失ってしまうでしょう。

◇◆◇

たいしたことでもないことを、あまり大げさに悩まないことです。もっともっと大きな問題をかかえている人だって、いっぱいいるのですから。

◇

混乱しているときは、立ち止まってみましょう

「人生はとても単純です。複雑にしているのはわたしたちなのです」

といった人がいました。

自分のしていることがまったくわからないときは、自分の人生をみずから複雑にしているのです。けれども、人生が複雑であればあるときほど、わたしたちは、「いま」を生きなければなりません。ところが、驚くことに、そのようなときがもっとも注意力が散漫になっているのです。そうなると、判断力も鈍りやすく、もっとミスをしやすくなり、たいていは混乱してしまいます。

気づいていないかもしれませんが、混乱しているとき、わたしたちはまったく無力なのです。このような場合、たいていは自分の我《が》を通そうとしがちです。その結果として、さらに物事がこじれてしまうのです。

そんなときこそ、冷静になって深呼吸をし、休みをとり、他人のいうことに耳を傾け、心を入れ替えましょう。わたしたちは、あくせく走りまわるのをやめる必要があるのです。それによって何かを損するかもしれません。あるいは大切だと思うものを失うかもしれません。しかし、それはそれでいいのです。自分をとりもどすほうがもっと大切なのですから。

◆

アブラハム・リンカーンの言葉に次のようなものがあります。

「あらゆることは、すべて過ぎ去っていく」

なんと気が楽になる言葉でしょうか。

わたしたちは危機や恐怖の最中にいるとき、思考も認識もストップしてしまいます。なぜなら、全神経が「対処すること」に向けられるからです。すると、自分の立場から離れ、自分を省《かえり》みることができません。それほど問題にかかりっきりになってしまうので、問題そのものが人生になってしまうのです。

問題をかかえているとき、食べたり、寝たり、リラックスしたり、運動することが必要でしょうか？　もちろん、そうです。

◇

もうひとつ、このような危機的な状態にあるときこそ、バランスのとれた見方をさせてくれる人が必要です。心から「すべては過ぎ去るよ」といって、慰めてくれる人が必要なのです。

◇◆◇

どうしようもなくなったときは、しばらくのあいだ立ち止まってみることです。それは、再び前進するために必要なことなのです。

ユーモアは人間の尊厳を祝福します

「ユーモアは人間としての尊厳を否定するものではありません。ユーモアの精神がもてるということは、たとえどんなに悲惨なことが起きても、それに打ちのめされないと宣言することです」

と、ロマン・ガリ（訳注＝フランスの作家、映画監督）はいいました。

自分のことを笑える能力のある人こそ、物事を見抜く力があるのでは、と思えるときがあります。人生経験が、彼らを丸くさせているのかもしれません。

ユーモアが人間としての尊厳を肯定していると思えることが、どれだけあるでしょうか？　自分の失敗をまわりのみんなが笑っているのに、それを自分の尊厳を肯定するものだと思えますか？　もしも思えないとすれば、あなたは人生をあまりにも深刻に受け止めすぎている証拠です。

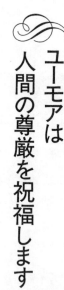

◇

自分のネクタイについているパイに気づいた誰かが、それを愛情をこめてからかったとしたら、あなたはそれを自分の尊厳を肯定するものだと思えますか？　もしもできないのだとすれば、あなたはあまりに深刻すぎて限界まできている証拠です。

緊張しているときに、誰かがジョークを飛ばしたら、それを自分の尊厳を肯定するものだと思えるでしょうか？　もしもそうでないのであれば、あなたはその仲間のお荷物になっているかもしれません。

ユーモアは、奥が深いものであり、一見、人間としての尊厳を否定するように思えることもありますが、じつは、まったくそんなことはないのです。

人生を深刻に生きている人には、それが理解できないのでしょう。

◆

どうしようもなく絶望的だと思えるときに、どんなに自分が愚かであるかがわかれば、どれほど力強くなれることでしょうか。自分自身から一歩下がって、どんなに深刻に自分のことを考えていたかがわかると、自分がどれほど自分をかわいがっていいるかを知る絶好の機会がもてます。

◇

しかし残念なことに、自分がどれほど自分をかわいがっているのかを、じっくり考えることなどほとんどありません。他人が自分をかわいがっているところは、よく見えるにもかかわらず。

深刻になるのをやめれば、自分がどれだけ自分のことをかわいいと思っているかをかいま見ることができるはずです。

世の中には、自分にはいろいろな面があるということがわからない人が、大勢います。その理由のひとつは、「深刻な目」というものは往々にして近眼だからでしょう。

絶望したとき、それほど深刻にならなければ、自分自身をとりもどすことがきっとできます。

◇◆◇

深刻になると、見えるものも見えなくなります。そんなときは、少し深刻になるのをやめて、心が落ち着くのを待ちましょう。そうすれば、いろいろなことが見えてきます。

◇

興味をもってまわりを見てごらんなさい

「興味がなければ、どんなものを見聞きしてもおもしろくはない」

と、ヘレン・マシーネスはいいました。

そのとおりです。興味を起こさせるものは、自分自身のなかにあります。たとえ世界でもっとも美しいとされる絵画や芸術品を目の前にしても、あなたがそれに興味をもっていなければ、なんの価値もありません。

心が晴れ晴れとするような素晴らしいアイデアをもちかけられても、興味がなければ、そのアイデアはなんの意味もありません。あなたは自分が興味をもっているものだけを追い求めるからです。

こんなふうに、あなたがもし自分自身の悩みや妄想にとらわれていたり、自分の思うとおりにしようとしていることばかりに目を向けていたら、ほかのものに

◇

対して興味をもてるはずがありません。

あなたが素晴らしいものに目を向けようとさえすれば、まわりにたくさんあることにきっと気づくはずです。あなたがもしちがった見方をしようと思ったのなら、ただ興味をもちさえすればいいのです。

あなたの世界を興味と驚きでいっぱいにすることができるのは、あなただけです。素晴らしいものを見いだすことができるかどうかは、あなたしだい。というのも、興味を起こさせるものはあなたの内面にあるのであって、あなたの外側にはないのですから。

◆

心配ばかりしている人は、「とても美しく、静かで、落ち着いた日々」をなかなか思いだすことができません。心配するのをひと休みすることさえも難しいかもしれません。しかし、現実には「とても美しく、静かで、落ち着いた日」があるのです。

ふと立ち止まってまわりを見渡したとき、自分だけがあたふたとしていたということに気づくことがよくあります。そんなときは、バラも、木々も、雲でさえも、空間のなかで止まっているように思えます。それはまるで宇宙全体がひと休みしているかのようです。

立ち止まって、まわりにある美しさを見渡せば、想像していたよりもたくさん素晴らしいものがあるということに気づくでしょう。そして、歩道の裂け目や、木の枝や、車の色さえも美しいと感じはじめるでしょう。

美を感じるために、わざわざ旅行する必要などありません。美はどこにでもあるのですから。

◇◆◇

素晴らしいものは世の中にたくさん存在しています。それに気づくか気づかないかは、本人の気持ちしだいです。

どうにもできないことを、どうにかしようと思わないこと

「わたしは家事が嫌いです。ベッドを直して、皿を洗って……六か月後、また最初から同じことをしなければならないのです」

と、ジョアン・リバース（訳注＝アメリカのコメディアン）はいいました。

「避けられないこと」のリストのなかに死と税金が入っているのに、なぜ家事は入っていないのでしょうか？

あなたもそろそろ、「避けられないもの」をじっくり考えるときがきたと思ってみませんか？

実際のところ、人生とは基本的に「避けられないもの」ばかりで成り立っています。ですから、「避けられないもの」自体が問題なのではなく、それをどう処理するかが問題なのです。「避けられないもの」で頭や首が痛くなったりするのでは

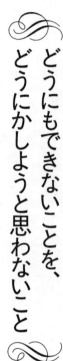

◇

なく、それをどうしても受け入れられなくて、そうなってしまうのです。

たとえば、自分の子供がすることをコントロールできるでしょうか？　おそらくできないでしょう。

他人が自分のことをどう思うか、コントロールできるでしょうか？　おそらくできないでしょう。

災害が起きないようにすることができるでしょうか？　おそらくできないでしょう。

自分がすべてのものをコントロールはできないことを受け入れられるでしょうか？　これは、たぶんできるにちがいありません。

◆

ここで少し、もめごとについて考えてみましょう。

わたしたちにとって、時間とエネルギーのもっとも無駄な使い方とは、もめごとを起こさないように努力してしまうことです。生きていくうえで、もめごとを起こさないことなどほとんど不可能なことなのに。

たとえば、赤ちゃんはよく騒動を起こすでしょう？　赤ちゃんはジタバタ叫びながら欲求を満たせと訴えます。それだけではなく、親たちの生活そのものを完全に変えろと要求します。赤ちゃんはかなり強引に自分のやりたいことを求めますが、親はそのことを他人には秘密にしています。

いいかえれば、人が成長する過程では、もめごとはつきものなのです。自分の配偶者や子供が、なんの前触れもなくいきなり成長したり、変わったりすると、どんなにか気が動転することでしょう。

人生にはもめごとがつきものなのは当たり前。そういう意味では、「避けられないもの」に対しても、創造的にとりくみながら生きることに人生の意義があるといえるでしょう。

自分の人生をふり返ってみたとき、本当に「時間の無駄」だと思えるのは、そのほとんどが、絶対にコントロールできるはずのないものをコントロールしようとしたときであることに気づくはずです。

驚くことに、大変な状況にとりくんでいたときは時間が無駄になったとはけっして思わないものです。もっとも、そうした時間にほかのこともできたはずですが。

何もしなかったときや、ただ流れに身をまかせていた日々をふり返ってみても、けっして無駄になったとは思えません。

「無駄」だと感じるときは、現実を信じるより、すべてがコントロールできるという幻想に夢中になっているときにほかなりません。

◇◆◇

誰の人生にも「避けられないもの」はたくさんあります。幸せになるためには、それを避けようとするのではなく、「避けられないもの」として受け入れることです。

◇

得るばかりでなく、与えられているものに気づきましょう

あなたは、人間が自分ひとりの力で生きることなどできない、ということを理解しているでしょうか？

人間はひとりきりで生きることはできません。たとえ洞穴のなかで世捨て人のような生活をしたとしても、食べ物は植物や動物に頼らなければなりません。もちろん、呼吸をするには空気が不可欠であり、わたしたちが食べる植物や動物が成長するには、太陽と雨と大地がなくてはなりません。どうみても、自分ひとりの力では十分ではないのです。

都会の生活はさらに複雑です。朝食を食べるとき、自分の命を気前よく差しだした豚、卵を産んだ鶏、コーヒーの豆を摘み、洗い、焼き、詰め、売るまでの人手に思いをはせるでしょうか？　こんなふうにわたしたちは、いまの自分をつく

りあげるために必要だったものに常に囲まれているのです。

◆

予想しなかった人がちょうど訪ねてきたとき、冷蔵庫や戸棚に何も出すものが見あたらなくて、それでもなんとかおいしい料理を作ろうとしたことはありませんか？　または週末に電気製品が壊れて、直してくれそうな人が思い当たらなくて、自分で直したら直せたということはありませんか？　そのときあなたは自分のことを素晴らしいと思いませんでしたか？

人生はときとして空っぽの冷蔵庫のようなものです。わたしたちは、得られるものはどんどん得て、さらにもっと得ることを期待するようにと思いこまされてきたため、自分がすでにもっているものを無視するようになってしまっています。

たとえば、あなたは健康という宝をもっているかもしれません。残り物をしっかり使いさえすれば、変わった料理を作ることができるかもしれません。ほかのみんながへたばったとき、まだ自分には余力が残っているかもしれません。あるいはグループで話しあいをしているとき、みんなの考えをまとめてあげることができるかもしれません。

わたしたちに与えられたものがなんであれ、その価値を認めたときに、人生は楽になるのです。

◇◆◇

今日、自分に与えられたものに対して、ひとこと「ありがとう」といってみましょう。そのありがたさに気づけば、その瞬間に幸せがやってきます。

◇

自分よりも「偉大な力」の存在を信じましょう

「毎晩、眠る前にわたしは神様に心配事を譲ります。神様はどちらにしても一晩中起きているでしょうから」

というのは、メリー・C・クロウリーの言葉です。

なんと賢い考えなのでしょうか！　しかも実用的！　そう、人間はずっと起きていることなどできないのですから。

わたしは、この神様が一晩中起きているという考え方が気に入っています。自分の心配事を処理するためだけに神様に起きていてほしいとは思いませんが、ずっと起きていることは神様の「義務」なのですから、わたしの問題をふたつ三つ、夜のあいだだけ預けても負担にはならないと思います。もしも神様の負担になるようなら、そんなことはしたくはないでしょう？

◇

もうひとつ、心配事を神様に譲るというのもよい考えです。心配事のほとんどは、自分の手に負えないものです。そうでなければわざわざ心配などするはずはありません。それに、もしも自分で処理できるのなら、とっくに処理できていたはずです。

ですから、わたしたちよりも「偉大な力」をもつ神様に、自分の心配事を譲ったらどうでしょうか?

◆

「自分の力よりも偉大な力」が存在していることを知らないとき、人はただ自分のことだけしか考えていません。

雲の流れをコントロールできますか? 天気を変えることができますか? 他人を自分が望むように変えることができますか? そんなことできるわけがありません。

何もかも自分の思いどおりになると信じこんでいたら、イライラするのも当然です。人生が自分の思うようになればいいなと思っていても、実際にそんなことはできないのです。それができるなんて思っていると、とんでもない目にあいます。

信仰とは、自分ができることをすべてやったあとで、人智を超えたものを信じ、それにすべてを任せるということです。

心の平安は、自分ができることをすることで得られるものではありません。自分ができないことを神様にまかせることによって得られるのです。

◇◆◇

いくら悩んでも、人生はなるようにしかなりません。ですから、もう悩むことなんかやめて、すべてを「偉大な力」をもつ神様にまかせましょう。

◇

わたしたちは、「偉大な力」に導かれているのです

「人生に起こる出来事はあらかじめ定められたものだとは思いませんが、確かに何かによって導かれています。わたしは自分の人生が導かれることを望んでいます。というのも、自分ひとりで人生を理解しようとして、とんでもなく長い時間を無駄にしてきたのですから」

と、アメリカのカントリー歌手ジョーン・バエズはいいました。

わたしたちはあまりに洗練されすぎて、自分の人生が導かれているということが信じられなくなったのでしょうか？　そうでないことを祈りましょう。

問題なのは、「導きの声」がないということではありません。その「導きの声」の聞き方を忘れてしまっているということです。

わたしたちは、自分よりも自分のことをよく知っている人はいないかと、実用

◇

書や自己啓発書を求めて、書店を探しまわります。

そうして調査にのめりこみ、十分に研究をすれば、人生に起こる問題の解決方法が得られると思いこんでいます。自分の人生に責任をとらなくてもすむように、あれこれと指示してくれる人を求めているのです。

もっとも、情報そのものに何も悪いところはありません。たとえどんなおかしな収集のしかたをしても。本当に問題なのは、わたしたちが耳をすませて「導きの声」を聞く時間をもたないことです。

「導きの声」が体のなかを通りぬけているときに耳を傾ければ、素晴らしい「アドバイス」が得られるでしょう。

自分の人生が何かに導かれていることを理解したとき、英知への道が開けるのです。

◆

わたしは、飛行機のなかで人と話すのが嫌いです。飛行機に乗っているときは、たいてい疲れているので、数時間はぼんやりとしてすごしたいからです。ところが、たまに隣に座っている人に話しかけたくなることがあります。そして、その

◇

人が生涯の友だちになったりすることもあります。

あるいは、何もかもが大変で、圧倒されてしまうこともあります。そういうときは、自分の力ではどうしようもないので、流れに身をまかせます。すると、しばらくたってから何かピンときて、新しい可能性がまるで魔法のごとく現れてきます。

導かれることをみずから望めば、自分の人生がそうなっていることに、きっと気づくでしょう。

アメリカの思想家であるラルフ・W・エマソンは次のようにいっています。

「わたしたち一人ひとりに『導きの声』はあります。耳をすまして聞けば、正しい言葉を聞くことができます」

◇◆◇

どうしていいのかわからなくなったら、ひとりきりになって「導きの声」に耳を傾けてみることです。そうすれば、どうしたらいいか教えてくれるでしょう。

人生を
あきらめかけた人に

CHAPTER 6

いまのこの「瞬間」は、神様からの贈り物です

非常に多くの人が、「今日の幸せ」を楽しむことを拒否し、「明日起こるかもしれないこと」を心配することで人生を台無しにしています。

このことを、ある作家は次のようにいっています。

「晴れ晴れとしている今日のことよりも、何日かあとの雨の日のことを考えている人は哀れなものだ」

わたしたちは、この世に、膨大な時間をたずさえて生まれてきました。そして人生とは、その一瞬一瞬で成り立っているのです。にもかかわらず、わたしたちはそのうちのいくらかを愚かなことに費やし、無駄にし、浪費しています。

けれども、この一瞬一瞬を授かりものとして使うことができるはずです。つまり、自分の成長と自覚のために与えられた「宝物」として考えるということです。

◇

実際、この一瞬一瞬は、神様から与えられているものなのです。それをどう使うかは、わたしたちしだい。この瞬間こそが、人生に新しい創造の可能性をもたらしてくれるのです。

◆

この一瞬は蓄えたり、まさかのときのためにとっておくことはできません。時間というものは、蓄えようとしても、あっというまに消えてしまうものなのですから。

そのうえ、幸福感を味わえるのは、いまのこの瞬間だけ。それなのに、いずれは消えてなくなるのではないかと恐れるあまり、自分で自分の幸福を奪ってしまうことがしばしばあります。たとえ消え去ったとしても、その幸福を味わった瞬間は、時間を無駄にしたことにはならないのに。

感情は、いずれは消えてなくなってしまうものです。幸福感も、いずれは消えていってしまうもの。感情とはそのようなものにすぎません。ただ訪れては消えていく。だからといって、ある種の感情がわいてきたときにそれを感じようとしなければ、必ずなんらかの問題が生じてきます。

いってみれば、感情とはわたしたちに必要な情報を与えてくれる道しるべのようなもの。わたしたちが自分の感情に注意を傾ければ、いろいろなことを知ることができるでしょう。しかし、それは、いまこの一瞬のことであって、明日のことではありません。

◇◆◇

一瞬一瞬は神様からの授かりものです。一瞬一瞬が人生なのです。

まだ起こってもいないことで悩まないこと

「将来どんなことが起こるかは、わたしにはわかりません。わたしがいちばん望んでいることが起こる確率は、いちばん悪いことが起こる確率とまったく同じです。ですから、悪いことばかり予想しなくてはならない理由などありません。わたしができるのは、ただ一日を最大限生きるということだけです」

これは、ある本から引用したものです。

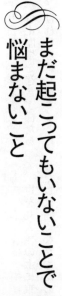

「何が起こるのだろうか？」
「それが起きたらどうしようか？」
「ほかの人はどうするのだろうか？」

などと、人はまだ起こってもいないことを心配しがちです。

しかし、それがまったく的はずれだったということが、これまでに何度あったことでしょうか。実際に起きていることだけにとりくめばいいのに、起こるかもしれないことにどれだけ時間を浪費していることでしょうか。

どんなにひどいことだとしても、実際に起きていることだけにとりくんでいたほうが、心配だけしているよりもましです。

たとえば痛みがそうです。「痛いだろうな」と思うからそう感じるのです。本当に痛くなってから痛みを感じればいいのです。

◆

先日、こんなことがありました。わたしは、森のなかで木を切っているときにケガをしてしまいました。足首を斧で深く切って、腱をふたつ、動脈をひとつ切ってしまったのです。その傷口を見ながら、

「まあ、大変！　なんとかしなければ」

とひとり言をいいました。

それから止血帯を巻き、横たわって、足を丸太棒の上に乗せ、夫に助けを求めました。けれども驚くべきことに、わたしは痛くなかったのです。一瞬一瞬に意識を向けていると、ケガをしているのがウソのように痛みを感じませんでした。

◇

ところが、「この先、この足はどうなるんだろう?」とか、「もとのように歩けるようになるのかしら?」などと考えはじめると、決まって痛みだすのです。だから足が痛くなるたびに、まず、「とにかくいまは大丈夫だ」と自分にいいきかせました。そして、エネルギーを集中させることで、その場でやらなければならないことは、簡単にやり遂げることができたのです。

そのときわたしは、痛みはいずれ消えるものだから、自分で痛みを増幅させる必要はないと思いました。

苦しいことがないのに、苦しいことを予想して苦しまなければならない、などといったばかげた法律など存在しません。将来はまだやって来ていないのです。いまのこの瞬間こそ、わたしたちのものなのですから。

◇◆◇

「起こるかもしれないこと」を、くよくよ心配するのはやめましょう。そんなことは起きてから対処しても十分まにあうのですから。

いくら心配しても、明日の悲しみはなくなりません

Ａ・Ｊ・クローニン（訳注＝イギリスの小説家）の言葉に次のようなものがあります。

「いくら心配しても、明日の悲しみはなくならない。ただ今日の活力が失われるだけ」

人生には悲しみがつきものです。もちろん、悲しみは「異常」なものではないし、「神様から与えられた罰」でもありません。悲しみと向きあうことは、人生における大切な学習経験のひとつです。

だからといって、前もって練習していても、悲しみに対するとりくみ方がうまくなるということはありません。また、実際に悲しい目にあうまでは、どのようにしたらいいかなどわかるはずもありません。

◇

悲しい目にあったとき、それまでの人生経験と、何が起きてもそれを喜んで受け入れる心がまえさえあれば、それで十分だということが理解できればいいのです。

わたしたちは、悲しいことが起きても大丈夫だと感じたら、悲しみを経験してみたいと、「悲しみ急ぐ」ことがあります。たとえば、親が亡くなる前に親の死を「前もって悲しむ」ように。そうはいっても、自分がどのように対処するかは、実際にそのときがこなければけっしてわかりません。人生とはそのようなものなのです。

◆

悲しみは、避けるためにあるのではなく、感じるためにあるのです。

悲しいことが起きるかもしれないと心配しても、明日と今日を入れかえることはできません。明日は、明日やって来ます。しかも、想像を超えた衝撃とともにやってくることが多いものです。

もし、明日、悲しい目にあうのなら、そのとき悲しまなくてはなりません。今日、明日の悲しみに対処する練習をしても、なんの効果もないだけでなく、今日という日が無駄になるだけです。

わたしたちは、明日のことばかり気にして、自分を磨くための時間をみずから奪ってしまうことがよくあります。もし本当に明日悲しい目にあうとすれば、今日の活力を無駄なことに使わないほうがいいに決まっています。

今日蓄えた活力は明日まで持続することができますが、「今日という日」は今日で終わりです。明日のことばかり考えていると、明日必要となる技術を訓練することができなくなってしまうでしょう。人生とはそのようなものなのです。

◇◆◇

悲しみに対処する練習などけっしてしないことです。前もっていくら悲しんでみても、悲しいことが起きたときの衝撃がやわらぐことはありません。そんなことをしても、ただ時間が無駄になるだけです。

誰でも、不可能を可能にできます

今日という日は神様からの贈り物です。そして、今日という日に限界をもうけているのはわたしたちのほうなのです。

「明日何が起こるかわからない」のは、あまりにも当然のことだと思われがちです。もちろん、実際のところ、本当にわかりません。だからといって、否定的な可能性にばかり目を向けていると、逆に素晴らしいことが起こる可能性をつぶしてしまいます。いいことが起こる可能性がまったくなくなってしまうかもしれません。

人はあまりに否定的なことばかり考えているせいで、体が麻痺してしまい、いいことが起こりそうなところへ行くことさえできなくなっているようです。「自分にとっていちばんいいこと」が起こる可能性にかけるよりも、何もしないほうがましだと思うのは、否定的なことばかり考えている証拠です。

◆

「どんなことでも、それが不可能だと証明されるまでは、可能なのです。また、不可能なことも、『現時点では不可能である』というだけにすぎません」

とは、パール・バック（訳注＝アメリカのノーベル賞作家）の言葉です。

それでも、なかには、何が可能で何が不可能かをハッキリさせてから、物事にとりかかろうとする人がいます。いいかえれば、まだ何もしていないうちから不可能だと決めつけることは、実際にやってからそうだと知るよりもましだと思っているのです。もしもそれが不可能だとはっきり証明できなければ、さらに悪いということになります（それはそのとき、そのような方法で行ったら、その人にとって不可能であったということを証明しているにすぎないのに）。

でも、どうすれば可能か不可能かをハッキリ区別することができるのでしょうか？　もしもその区別がつけられないのなら、むしろそれについて心配したほうがいいでしょう。人生では、不可能なことが可能になった例はたくさんあるのですから。

◇

◆

「毎日が刺激的だ!」

と、オプラ・ウインフリー(訳注=アメリカの有名なトーク・ショーの司会者)はいいました。

彼女のいうとおりです。一日いち日はとても楽しく、刺激的です。とにかく、わたしたちが自信をもっていえることのひとつは、毎日が何かであるということです(その何かというのは、ハッキリとはわかっていないのですが)。

もし新しい日を生きるとしたら、自分の思いどおりになると期待しないほうがうまくエネルギーを使えるでしょう。期待ばかりしていると活気が失われていきます。それは、柔らかくて気持ちよさそうな綿で自分のまわりをおおってしまい、気がつくといつのまにかそれが鉄のよろいに変わってしまっていて、身動きがとれなくなるようなもの。実際、そんなものを身につけていたら、刺激など感じることはできません。

そんなことはやめて、みずから人生を楽しもうと思えば本当にそうなるはずです。

◇◆◇

「人生はつらいものだ」といつも思っていれば、いずれそのとおりになります。本当に人生を楽しみたいのなら、まずは自分から「人生を楽しもう」と決意することです。

経験しなければ、何も知ることはできません

人生はプロセスであり、段階があるということを覚えておくと、なんと気が楽になることでしょう。ある段階で喜んでやっていたこと（たとえば泥のなかで遊ぶこと）は、ほかの段階では惨めなことかもしれません（とくに、ビジネススーツを着ているときは）。

人生は、わたしたちの「絶対的な幻想」を打ちくだいてくれるもっともよき教師となりえます。たとえば、いくらがんばってみても、老いていくことをくいとめることはできないように。

人生の段階を通っていくことを、かたくなに拒絶するほど悲しいものはありません。あるいは、もはや自分とは関係なくなった人にしがみつくことも。

ヒュパティア（訳注＝古代アレクサンドリアの女性哲学者、自然学者）の言葉

◇

に次のようなものがあります。

「人生は展開するもの。そして人生経験を積めば積むほど、真実がより理解できる。自分にどんな責任があるのかがわかれば、自分が今後何をしたらよいかがよりわかるようになるだろう」

考えてみてください。ヒュパティアは約二千年も前にこの真実を知っていたのです。そうなると、人間はいつ、「人生は展開するものであり、人生経験を積むことによってのみ真実を知ることができる」ということを忘れてしまったのでしょうか？

◆

考えることは、けっして人生経験のかわりにはなりえません。それなのに、わたしたちは考えるのに忙しすぎて、経験する機会を失っています。そのうえ、経験するチャンスが訪れても、準備ができていないせいで、せっかくのチャンスをみすみす逃してしまっているのです。

人生におけるもっとも大切なことは、頭のなかでは学べません。あれこれ考えても、何も学べないだけでなく、ただ気が散るだけです。

人生に飛びこむことは、ときには氷の風呂に飛びこむようなことだと思えるかもしれません。しかし、少なくとも氷の風呂に飛びこんだら、「冷たい」という経験ができるのです。

それに、実際に飛びこむことは、「もうそんなことは二度としたくない」ということを知るための確実な方法にもなります。

◇◆◇

◇

失敗を恐れずに、なんでもやってみましょう。失敗したら失敗したで、その経験から学べばいいのですから。

過去はこれからの自分を活かすためにあります

「自分の過去を買い戻すことができるほど金をもっている人などいない」というのは、オスカー・ワイルド（訳注＝イギリスの小説家・劇作家）の言葉です。

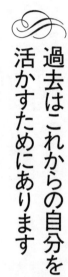

自分の過去をふり返ってみたとき、もっとちがったやり方をすればよかったと思うことがよくあります。もっとも、そう思うことはよいことといえるかもしれません。

というのも、そう思うということは、何かを学んだということであり、自分がおかした失敗が無駄ではなかったということを意味するからです。

けれども、自分の過去から何かを学ぶためには、その過去を受け入れなければなりません。現在の自分があるのは、過去の積み重ねがあったから、ということ

◇

を理解する必要があるのです。

幸運にも、自分の過去を変えることはできません。たとえ過去を買い戻すに十分なお金をもっていたとしても、過去をもっとよりよいものにできたはずだと考えるのは、きわめて傲慢なことです。

自分の過去がよいものであれ悪いものであれ、あるいは自分の過去に関心があるにしろないにしろ、自分の過去とはつきあっていかなければならないのです。

◆

人間として本当に素晴らしい才能のひとつは、記憶することができるということです。わたしたちの体は、頭が覚えきれないくらいの記憶を蓄積しています。

それは疑わしいことだと、あなたはいうかもしれません。しかし、トラウマ（精神的外傷）や悪い出来事を覚えておくことは、あなたが将来、もっと力強くなり、視野が広がり、知恵がつき、経験が豊富になったときに、その経験を活かすチャンスがもてるのです。何が起ころうとも、それを活かす能力が自分にあるということを認識したとき、蓄積されている古い記憶はとても素晴らしい贈り物となるでしょう。

◇◆◇

過去は、活かすことも殺すこともできます。活かすためには、過去を受け入れ、そこから何かを学ぼうとすることです。

いまこそ、楽観主義を見なおしましょう

「ご存知のとおり、人生はひどいものです。破局と没落はやってきます。無秩序がはびこります」

とマルグリット・ユルスナール（訳注＝フランスの作家）はいいました。

彼のように、否定的なことばかり考えるのはとても簡単なことです。それに、否定的なことを考えたほうが、アドレナリンが放出されやすいのも確かです。しかし、ちょっと考えてみれば、人生にはよいこともたくさんあるはずです。

この前、ドイツを旅行していたときのことです。わたしは空港で指の爪を割ってしまいました。ギザギザになった爪をそのまま放っておくのはいやだったので、免税店を何店か見てまわり、爪用のやすりを探しました。ギザギザの爪はなんにでもひっかかってしまうからです。

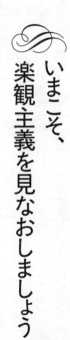

◇

最後の店で、それがないといわれたときに、列に並んでいたある女性が、

「これをお使いなさい。わたしは財布のなかにふたつもっていますから」

といって、かわいらしい爪やすりを渡してくれました。

わたしは、

「本当にいいんですか？ 使ったらお返しします」

といいました。しかし、彼女は、

「いいえ、いいんですよ。いつか誰かが同じことをわたしにしてくれるでしょうから」

といってくれたのです。

こんなふうに、毎日いいことは起きているのです。ただ、それに気づきさえすればいいだけです。

◆

「人生には一日も素晴らしい日がない」と嘆く人がいますが、そんなことが本当にありえるでしょうか？ わたしはありえないと思います。

わたしはずっと、楽天家だということで非難されてきました。おかしなことに、

◇

「楽観主義」という言葉は、否定的な意味で使われることが多いようです。それは非現実的なものだと思われているのです。しかし、それでは「楽観主義」の本当の意味がわかっていないことになります。

「楽観主義」とは、去年は災難だと思ったことが、今年は逆に大切な学習経験となりえることを知っているということです。

「楽観主義」とは、望みがかなえられなかったときに、待っていればもっとよいものが得られることを知っているということです。

◇◆◇

いいことは毎日起きています。感謝の気持ちをもって人生を眺めてみれば、いいことがいかにたくさん起きているかがわかるようになります。

困難にぶつかったときほど、冷静になりなさい

「どんな川でも、あなたがそれを『大きな川』だと思えば、その川を渡ることができなくなる」

というマオリ族のことわざがあります。

「人はみな困難に出会う」というのは当たり前のことです。問題は、困難に出会うか出会わないかということではありません。どう困難に対処するかということです。みな、「渡らなければならない川」があるのです。それは前進するか、しないかのどちらかです。

わたしたちは、死ととりくまなければなりません（近親者の死、そして、最終的には自分自身の死と）。

お金ともとりくまなければなりません（お金をどう使うか、そして、それによ

◇

って何が得られるか)。

ほかにも人生でとりくまなければならないことは、きりがないほどたくさんあります。

だからこそ、自分がどのような困難に直面しているかを知る必要があるのです。このマオリ族のことわざは、みずからが大げさに考えなければ、困難も困難でなくなるということを意味しています。その選択は自分自身にかかっているのです。

自分から困難を求めないかぎり、困難はすぐに消え去ってしまうでしょう。

◆

「待つことの大切さ」は、若いときになかなか学べない教訓のひとつです。時間が問題を解決してくれるということは、よくあることです。わたしたちは、ある問題がすぐに解決できないとき、じたばた抵抗して、心配しさえすれば解決方法が見つかると信じて、自分の殻に閉じこもりがちです。

わたしたちは、問題が解決するのには時間がかかる、ということを忘れているのではないでしょうか。なぜなら、問題が発生したときに、かなりとり乱してしまうので、解決方法があってもそれに気がつかないこともある、という考えがどこかに飛んでいってしまうからです。

ときとして問題をしっかり見極め、それればかりにとらわれることなく、いろいろな面からじっくりと考えてみることも必要です。そうすれば、日常生活を営んでいるうち、問題が一つひとつ解決していくことがあることに気づくでしょう。

◇◆◇

困難なことにぶつかっても、けっしてあわてないこと。心が乱れていると、あなたを導いてくれる「冷静な声」を聞くことができなくなりますから。

決断することは、本当の大人になる第一歩

「決断するのは、嵐のような流れのなかに入っていくようなもの。そしてその流れが、決断したときにはまったく思いもよらなかったところへ連れていく」と、パウロ・コエロはいっています。

人生には決断がつきまといます。

決断をするかしないか。

決断をしているようにふるまうかどうか。

決断したのは自分なのに、それを他人の決断だったと思うかどうか。

他人に決断させようとしていることに、気づかないふりをするかどうか。

あとで責任転嫁できるように、他人に決断させるかどうか。

あとで責任転嫁できるように、他人が決断したようなふりをするかどうか。

◇

こうして、わたしたちは決断を避けるために、多大な時間を費やします。それでいて、正しい決断というものがあると信じこんでおり、内心ではそうしたいと思っているのです。だからこそ決断を迫られたときは、心配でたまらなくなってしまいます。

わたしたちが人間として成長するためには、試行錯誤しながらも、自分で決断しなければなりません。自分が決断するというリスクを負い、その結果を受け入れることをしないかぎり、いつまでたっても大人にはなれません。

どんな決断をしたかということは、決断をしてその責任をとることにくらべれば、まったくとるにたらないことだと、のちになってわかります。

決断をして、その責任をとることは、成熟への扉といえるでしょう。

◇◆◇

どんなことを決断しようとも、その責任は自分でとることです。「あの人がいったからしたまでのこと」というようないいわけはしないこと。それが大人になるということです。

◇

奇跡は毎日起きています

人間はときとして、急に現実が見えてきて、変わることがあります。人間のもっとも素晴らしい特徴のひとつは、変われるということです。人はみな長い時間をかけて少しずつ変わることができるし、急に現実に目覚めて、瞬時に変わることもできます。

そうして自分が変わると、素晴らしいチャンスが待ちうけています。わたしたちはいつも、それまでの自分とはちがう反応ができるという可能性を秘めていまそう、新しい可能性をもっているのです。さらには、その新しいチャンスに対する反応のしかたを、いつでも磨くことができるのです。

けれども、もしもあなたが「いったん身につけたら一生変わらないもの」を得ようとしているのなら、「人間は変わるものである」というのは問題でしょう。ただ、あなたがそれを問題にすればの話ですが……。

◆「現実的になりなさい。つまり奇跡を期待するのです」

この言葉は、癌にかかって余命わずかと宣告された、あるオーストラリア人の男性がいった言葉です。彼がこの言葉を口にするずっと前に、医師からは残りわずかの命だと告げられていました。

このような奇跡的な話を聞くと感動しますが、と同時に、誰もがそれはその人だけに起こった特別なことだと解釈してしまいがちです。

わたしたちは自分の考え方を次の三つのカテゴリーに分けています。すなわち、楽観主義、悲観主義、現実主義。そして、無意識のうちに悲観主義と現実主義を同じものとみなし、自分に楽観主義者というレッテルを貼られないように、神経を使っているのです。

ちょっと待ってください。毎日奇跡が起こっていることを、どうしてそんなに簡単に忘れてしまうのですか⁉

台風が急に進路を変えて、陸地にまで届かず、海に向かっていくことだってあります。自動車事故で、ほかのみんなが死んだのに、赤ん坊がひとりだけ生き残ることだってあります。

花が咲きます。鳥が鳴きます。川が流れます。太陽は再び昇ります。奇跡は毎日起きています。奇跡は現実なのです。

◇◆◇

奇跡を信じましょう。そうすれば、自分のまわりでたくさんの奇跡が起きていることに気づきます。そして、自分も奇跡が起こせるかもしれないと思えるようになります。

◇

希望は信念と結びついてこそ、現実になります

「失望は、どんなに希望を失わせることか」

これは、レティア・E・ランドンの著書から引用したものです。

このように、よく知られている引用文の多くが、否定的な考え方にもとづいているのはおもしろい現象です。なぜなら、わたしたちの人生にはきわめて否定的な考え方が浸透しているため、肯定的な希望をもつことが非現実的だと思えるようになってしまっているからです。

しかし、否定的なことばかり考える人と、希望をもって生きる人とのちがいは、じつは心のもちようのちがいにすぎません。

たとえば、希望を例にとってみましょう。自分の希望をひとつか、せいぜいふたつにしぼって生きている人は、いずれは失望してしまうことでしょう。そのよ

うな人は、みずから願望実現の可能性を低め、よいことが起こる可能性を千分の一に減らすようなものです。

反対に、「すべてはよくなる」という信念をもっていれば、たとえその時点では成功するかどうかわからなくても、希望を発展させることができるのです。そして、希望と信念が強く結びつけば、失望する余地などほとんどなくなります。

◆「本当にしては話がうますぎる」

こんなことをいう人がいますが、これはどういう意味なのでしょうか？ どうして「うまい話」を怖がらなければならないのでしょうか？ すべてがうまくいっていたらいけないとでもいうのでしょうか？ すべてが満たされていても、いいのではないでしょうか？

彼らは、人生は無常であることを理解していないようです。もちろん、どんなことでも変化しないものなどありません。

彼らはいいことが起きても、いずれは悪くなるだろうとばかり考えます。もちろん、そのとおりになるでしょう。人生は無常なのですから。

◇

にもかかわらず、悪いことが起きたとき、いずれはよくなるだろうということは思いつかないようです。もちろん、いずれはよくなります。人生は無常なのですから。

希望はすばらしいものです。そして、その希望が信念によって支えられたなら、その希望はけっして打ちくだかれることはありません。

過去において、どんな困難なことでもなんとか乗り越えてきた、と思うことから希望が生まれます。一〇〇パーセント望みどおりにはならなかったかもしれないが、なんとか希望に近い結果が出せたと思うことから、次の希望が生まれるのです。

希望とは、「行き止まり」だと思える場所を、なんとか突破しようとして前進していくことです。

希望はひとつのドアです。そこを通っていくかどうかは自分しだいです。

◇◆◇

「きっといいことが起こる」——どんなに苦しいときでも、そういう希望を忘れずに生きることです。希望をもつだけで、人生が何倍も明るくなります。

◇

自分の無限の想像力に気づいていますか?

想像力。それは素晴らしい才能です。たとえば、自分が想像できる、すべての色を思い浮かべたことはありませんか? ただ実際にある色だけでなく……いままで見たこともないような色を……、難しいでしょう?

あるいは、新種の動物を想像したことはありませんか? 何を想像しましたか?

わたしは、毎日、想像力をもっと簡単な方法で使います。たとえそれが単純なものだとしても、それを楽しむのです。

たとえば、冷蔵庫にも食料貯蔵室にも何もないときに、台所に行って、おいしい食事を作ること。あるいは残り物を使って、普通はやらないような「記念すべき料理」を作ること。

ほかにも、たくさんの布地から考えもつかないような衣装を作るときは、いつもわくわくしてしまいます(その衣装は奇妙だけど、素晴らしくよくできていることがあるからです)。

◆

「想像力を活かせば、本当にいろいろなことが考えられるものだ」

と、ウィリアム・ブレーク(訳注=イギリスの詩人、画家)はいいました。

心がすっと体から抜けだし、自分を守ってくれているいくつもの山々や海を越えて、広大な空間へと飛んでいくところを想像するのは楽しいことです。自分の心が星まで飛んでいくのが感じられます。そして、そこを通りぬけると、さらに未知の可能性を探索することができるのです。

わたしには、とても想像力豊かで知的な友だちがいました。わたしは彼と一緒に創造的な話をするのが好きでした。わたしの心が星のあいだをするすると動いていくと、彼の心は光のスピードより速く、わたしの心を追い抜いていき、ためらうことなく宇宙のブラックホールへと突入し、予想もしなかったところから出てきました。

ときには、ふたりが一緒になって、ひとりでは行けないようなところまで行きました。

想像力とは、このような可能性をもっているのです。想像力によって、けっして建てることができないような牢獄を建てることもできます。あるいは、人智を超える英知を得ようとする際に感じるバリアを切り裂く、レーザー光線にもなりうるのです。

想像力がもっている可能性に挑むかどうかは、自分しだいです。

◇◆◇

◇

想像力をどう使うかは自分しだいです。うまく使うことができれば、人生が想像した以上に豊かになります。

何かを心配しているときに役に立つ十二か条

する必要のないことを、けっして求めないこと。
信頼に値しない人を、けっして信じないこと。
自分のなりたくないものに、けっしてなろうとしないこと。
コントロールできないものを、けっしてコントロールしようとは思わないこと。
年をとることを、けっして心配しないこと。
子供の人生を、こうしようとはけっして思わないこと。
けっしてビクビクしながら生きないこと。
大丈夫でないものを、大丈夫だとはけっしていわないこと。
ちょっと忘れてしまったことを、けっして隠そうとはしないこと。
自分ひとりで生きているようなふりを、けっしてしないこと。

◇

トラブルが発生するまでは、トラブルが起きたらどうしよう、などとけっして悩まないこと。

人生は精一杯生きなければならないということ、そして、人からたくさん助けてもらえるということを覚えておくこと。

◇◆◇

なんでも楽しむことができるということを、けっして忘れないでください。わざわざ楽しもうと思わなくてもいいのです。自然に楽しめばいいのですから。

〈この作品は一九九八年に小社より刊行された〉

39124
アン・ウィルソン・シェイフ
宮崎伸治・訳

何かを心配しているときにそっと開く本

二〇〇一年四月 五日 初版発行
二〇〇一年九月十五日 二版発行

発行者――栗原幹夫
発行所――KKベストセラーズ
〒170-8457 東京都豊島区南大塚二-二九-七
電話〇三-五九七六-九一二一(代表)
振替〇〇一八〇-六-一〇三〇八三
http://www.kk-bestsellers.com/

印刷所――凸版印刷 製本所――積信堂
落丁・乱丁本はお取替えいたします。
定価はカバーに明記してあります。

Printed in Japan ISBN4-584-39124-6

憂き世を吹っとばす　ワニ文庫　大好評!

好きな人と最高にうまくいく本
ダフニー・ローズ・キングマ
情熱はいつか冷めるものと思っていませんか。でも、そんなことはありません。本書は真実の愛を育むための心のテキストです。
P―22

本当に好きな人とめぐり逢う本
バーバラ・デ・アンジェリス
テクニックだけでつかまえた相手との関係は崩れてしまうものです。本当に幸せになれる運命の人を見抜く力をつけましょう。
P―23

人類の歴史に隠された驚くべきDNA
世界遺産は宇宙人が造った!
岡田英男
ナスカの地上絵、カッパドキアの地下都市…。人知を超えた建造物に残された意外な痕跡とは? 人類史に刻まれた謎とは?
H―5

より良い人間関係を築くためのアドバイス
あなたを困らせる人の深層心理
袰岩奈々・監修
思い当たるところがないのに、あなたにふりかかる、いわれのない非難や誰かの意地悪…。そんな悩みを解決する一冊です。
H―6

味わい深き人生のために
妻たちの性の記録⑯
月刊『ホームトーク』編集部・編
「妻の腕が彼の背面のスロープを撫でまわし、彼は組み敷いた妻の脇の下へ腕をくぐらせて…」大好評シリーズの第16弾!
H―7

一度は泊ってみたい
極楽ホテル アジア・中近東編
井原三津子
リゾート、クラシック&ゴージャス、大自然満喫…。世界のホテルを渡り歩いた著者が、経験に基づくオススメを紹介します。
H―8

豊かな人間関係のために
名字でわかる相性占い
沢木たか子
憧れの人に近づくには?カレとの結婚は?上司や同僚とうまくつきあうには?四柱推命と統計的結果をもとにズバリ占います!
H―9

好かれる人はまず話し方が違う!
美しい会話コツのコツ
女性の生活マナー研究会・編著
「ものは言いよう」だからこそ、人から愛される会話をしたいもの。例文満載の本書は、あなたの対人関係の強い味方です。
M―44

憂き世を吹っとばす　ワニ文庫　大好評！

何かを心配しているときに そっと開く本
アン・ウィルソン・シェイフ
日常生活で感じる不安や心配…。それを解決するのはあなた自身です。精神科医の知識と経験、先人の知恵が癒してくれます。
P—24

ひと目で好かれる心の技術
第一印象の心理学
齊藤　勇
初めて会う人に好かれるにはどうしたらいいか？　それはなぜか？　心理学の学説・理論・実験をもとに、わかりやすく解説。
H—10

目からウロコの
楽ちんパソコン仕事術
エディ・フォア
インターネット、メール、書類整理、名簿リストの作成…。簡単な操作で、いかに仕事の効率をよくするかを追求した一冊。
H—11

フンソー地帯も怖くない!?
アジアディープ紀行
荻野洋一
イラン国境の麻薬売買、サウジアラビアの公開処刑の真偽…。世界200か国以上を旅する著者が明かす本当のアジアの話。
H—12

ほら、あなたの隣に…
超怖い怖い怖〜い話
さたなきあ
誰もいないはずの二階から人の声が…。ケタケタと笑う老婆…。深夜にしゃべり出す人形…。身の毛もよだつ戦慄の実話集。
H—13

国民の知らない歴史
夢枕獏＋高橋克彦ほか
我々が知っている歴史は真実だろうか？勝者と敗者によって、語られる歴史は、まさに表と裏。もう一つの歴史がここにある。
P—25

なぜ自分らしく生きられないのか
秋山さと子
自分らしく生きるとは他人との関係のなかで自分を生かしていけること。ユング心理学を土壌に、心の道標を解き明かします。
P—26

操作から得利用法まで、iモードまるごと解体書
大人のiモード完全使いこなし術
五味川隆
iモードは並みのケータイではない。手のひらに乗るパソコンだ！ITの最先瑞機器を使いこなせば、時代を先取りできる！
H—14

心のバイブル◇好評既刊

ルールズ The Rules
理想の男性と結婚するための35の法則

22カ国語に翻訳され、世界中の女性から支持された伝説の"恋のバイブル"。全米300万部のベストセラー。

エレン・ファイン／シェリー・シュナイダー著　田村明子訳　571円(税別)

ルールズ2 The Rules2
さらに愛されるための33の法則

意中の男性を手に入れるための魔法とは？　前作では触れられなかった"恋の疑問"に対する回答が凝縮。

エレン・ファイン／シェリー・シュナイダー著　田村明子訳　648円(税別)

好きな人と最高にうまくいく本

情熱はいつか冷めるもの…。そう思っているあなた。そんなことはありません。この本は、好きな人と真実の愛をはぐくむための心のテキストです。

ダフニー・ローズ・キングマ著　玉置悟訳　476円(税別)

本当に好きな人とめぐり逢う本

テクニックを使って相手をつかまえても、二人の関係はすぐに崩れてしまう。それよりも、あなたが本当に幸せになれる運命の人を見抜く力をつけましょう。

バーバラ・デ・アンジェリス著　玉置悟訳　524円(税別)

KKベストセラーズ